A. M. CELÂL Ş

Dikkate I
Mevzular

Dikkate Değer Mevzular / *A. M. Celâl Şengör*

Yayıncı ve Matbaa Sertifika No: 44066

Yayın direktörü Mehmet Bozkurt
Editör Gökçe Şenoğlu
Son Okuma Saliha Ulusoy
Kapak tasarım Emir Tali
Sayfa tasarım Beyzanur Karabulut Koç

ISBN: 978-975-10-4490-7

23 24 25 7 6 5 4 3 2 1
İstanbul, 2023

Baskı ve Cilt
İnkılâp Kitabevi Yayın Sanayi ve Ticaret AŞ
Çobançeşme Mah. Sanayi Cad. Altay Sk. No. 8
34196 Yenibosna – İstanbul
Tel : (0212) 496 11 11 (Pbx)

İnkılâp Kitabevi Yayın Sanayi ve Ticaret AŞ
Çobançeşme Mah. Sanayi Cad. Altay Sk. No. 8
34196 Yenibosna – İstanbul
Tel   : (0212) 496 11 11 (Pbx)
Faks : (0212) 496 11 12
posta@inkilap.com
inkilap.com

A. M. CELÂL ŞENGÖR

Dikkate Değer Mevzular

İNKILÂP 96. yıl

Prof. Dr. Dr. *h.c. mult.* A. M. Celâl Şengör

24 Mart 1955'te İstanbul'da doğdu. 1973 yılında Robert Academy'yi bitirdi, 1978'de University at Albany'den (State University of New York) jeolog olarak mezun oldu. Aynı üniversitede 1979'da master, 1982'de doktora yaptı. 1981'de İTÜ Maden Fakültesi Genel Jeoloji kürsüsüne asistan oldu. 1984'te Londra Jeoloji Cemiyeti'nin "Başkanlık Ödülü"nü, 1986'da TÜBİTAK'ın "Bilim Ödülü"nü aldı. Aynı yıl İTÜ Maden Fakültesi Genel Jeoloji Anabilim dalında doçent oldu. 1988'de Neuchâtel Üniversitesi Fen Fakültesi'nden şeref bilim doktoru (*Docteur* ès *sciences honoris causa*) payesi aldı. 1990'da Academia Europaea'ya ilk Türk üye olarak seçildi, aynı yıl Avusturya Jeoloji Servisi muhabir üyesi, 1991 yılında Avusturya Jeoloji Derneği şeref üyesi oldu. 1991 yılında Kültür Bakanlığı'nın Bilgi Çağı Ödülü'nü kazandı. 1992'de İTÜ Maden Fakültesi Genel Jeoloji Anabilim dalında profesörlüğe yükseltildi. 1993 yılında Türkiye Bilimler Akademisi kurucu üyesi oldu, akademi konseyine seçildi. Aynı yıl TÜBİTAK Bilim Kurulu üyesi oldu. 1994'te Rusya Doğa Bilimleri Akademisi üyeliğine, Fransız ve Amerikan Jeoloji Dernekleri şeref üyeliğine seçildi, ayrıca kendisine Fransız Fizik Cemiyeti ve École Normale Supérieure Vakfı tarafından Rammal Madalyası verildi. Şengör 1997 yılında Fransız Bilimler Akademisi tarafından yerbilimleri dalında büyük ödül (Lutaud Ödülü) ile taltif edildi. 1998, Mayıs ayı içerisinde Şengör'e, Collège de France'ta misafir profesör olarak bir kürsü verildi. Burada "XIX. yüzyılda tektoniğin gelişmesine Fransız jeologlarının katkısı" konulu bir ders verdi ve 28 Mayıs 1998'de Collège de France'ın madalyasını aldı. 1999'da Londra Jeoloji Cemiyeti kendisine Bigsby Madalyası'nı tevcih etti. 2000 yılının Nisan ayında Amerika Birleşik Devletleri Ulusal Bilimler Akademisi yabancı üyeliğine seçilen ilk Türk oldu. 2004-2005 öğretim yılında Şengör, Collège de France'da "Uluslararası Kürsü" ("Chaire internationale") profesörlüğünü deruhte etti ve 20 Mart 2005'te ikinci kez Collège de France Madalyası'nı aldı. 2006'da üç yıllığına Paris Ulusal Doğa Tarihi Müzesi onur üyeliğine getirildi ve Rus Bilimler Akademisi'ne yabancı üye olarak seçildi. 2014 yılında Leopoldina Alman Ulusal Bilimler Akademisi'ne, 2015'te de Avusturya Bilimler Akademisi'ne seçildi. 2009'da Londra'daki Doğa Tarihi Müzesi (The Natural History Museum) Şengör'ü fahrî araştırmacı olarak atadı ve aynı yıl dünyanın en iyi altıncı üniversitesi addedilen Chicago Üniversitesi kendisine şeref bilim doktoru payesini tevcih etti. 2010 yılı Ekim ayında Almanya'nın bir yerbilimciye verdiği en büyük ödül olan Steinmann Madalyası ile taltif edildi. 2017'de Amerikan Jeoloji Derneği'nin Bilim Tarihi ve Felsefesi Bölümü'nün Mary C. Rabbitt ödülünü, 2018'de de Avrupa Yerbilimleri Birliği'nin katı arz konusundaki en büyük madalyası olan Arthur Holmes Madalyası'nı aldı. 2022 yılında Avusturya Jeoloji Derneği, Şengör'e en büyük madalyası olan Suess madalyasını verdi. Şengör, Collège de France dışında İngiltere'de Oxford (Royal Society Araştırıcı bursuyla), ABD'de California Institute of Technology (Moore Distinguished Scholar olarak) ve Avusturya'da Salzburg-Lodron Paris üniversitelerinde misafir profesörlük yapmıştır.

Şengör jeolojide bilhassa yapısal jeoloji ve tektonik dallarındaki çalışmaları ile ün yapmıştır. Bu konuda 20 kitap, 322 bilimsel makale, 246 tebliğ özeti, 91 popüler bilim makalesi; tarih ve felsefe ile ilgili popüler 13 kitap ve 500'ü geçen deneme yazısı yayımlamıştır. Bunların 1997-1998 yılları arasında *Cumhuriyet Bilim Teknik* dergisindeki "Zümrütten Akisler" köşesinde çıkmış olanları Yapı Kredi Kültür Sanat Yayınları tarafından 1999'da *Zümrütnâme* başlığı altında kitaplaştırılmıştır. 2003 yılında ise ikinci deneme kitabı *Zümrüt Ayna* başlığıyla yayımlanmıştır. Yaşam öyküsü 2010 yılında Türkiye İş Bankası Kültür Yayınları *Nehir Söyleşi* serisinde *Bir Bilim Adamının Serüveni* başlığı altında yayımlanmıştır. Şengör ayrıca pek çok uluslararası dergide editör, yardımcı editör ve yayın kurulu üyeliği yapmıştır ve yapmaktadır.

Şengör, 1986 yılında Oya Maltepe ile evlenmiştir. Tek çocuğu H. C. Asım Şengör 1989 yılında dünyaya gelmiştir. Celâl Şengör İngilizce, Almanca ve Fransızca bilmektedir.

Sevgili arkadaşım Fatih Altaylı'ya
Türkiye'de bilimin yayılıp sevilmesine yaptığı
ölümsüz katkılar nedeniyle.

· İçindekiler ·

• Önsöz •

Bu kitapta yayımlanan yazılar, çeşitli nedenlerle, muhtelif yayın organlarında çıkan makalelerimden ve önsöz, röportaj gibi farklı yazılarımdan derlenmiştir. Yayımlanmalarındaki maksat hem okuyucuya bilgi vermek hem de bazı konularda tarihe not düşmektir. Yazılarım, ben artık olmadığım zaman da mevcut olacak, gelecek nesillerin okuyucularına günümüzden bazı manzaralar, bazı bakış açıları sunacaklar, belki tarih yazıcılığına belge olarak katkıda bulunacaklardır. Bana bu fırsatı verdikleri için İnkılâp Kitabevi sorumlularına burada çok teşekkür etmek isterim. Kitabı, ülkemizde bilim merakının, bilimsel bilginin ve bilim sevgisinin yayılmasına, yaptığı televizyon programlarıyla çok önemli hatta yaşamsal denilebilecek bir katkıda bulunduğuna inandığım sevgili arkadaşım Fatih Altaylı'ya ithaf etmek benim için ödenmesi pek zevkli bir borçtu. Bunu kısmen olsun ödeyebildiğim için mutluyum.

A. M. Celâl Şengör
Anadoluhisarı, 8 Mart 2023

I

Deprem Nedir, Nasıl Oluşur ve Ölçülür?

Deprem ve Deprem Dalgaları

Deprem dünyanın belirli bölgelerinde meydana gelen ve zararlarından kaçınılması hem çok zor hem de çok kolay olan doğal bir olay, insanlar için de afettir. Deprem, taşküre içerisinde, sıcaklığı 600°C'ın altında olan yerlerde meydana gelen bir kırılma sonucu ortaya çıkan elastik dalgaların oluşturduğu bir sarsıntıdır. Depremden korunmanın zorluğu, sarsıntının önceden haber vermeden, aniden gelerek geniş bir bölgeyi etkilemesinden kaynaklanır. Sarsıntıdan kaçmaya zaman yoktur. Ancak bu sarsıntıya açıkta yakalanılırsa -açılan bir yarığa düşmek veya bir uçurumdan kopup düşen bir kayanın altında kalmak gibi çok nadir olabilecek bir talihsizlik olmadıkça- herhangi bir can kaybının, hatta yaralanmanın olması bahis konusu olamaz. Ancak içinde veya yakınında bulunduğumuz binaların yıkılması hem mal hem de can kaybına sebep olmaktadır. Dolayısıyla depreme dayanıklı bina yapılması depremin zararlarını en aza indirebilir.

1849 yılında İngiliz fizikçi Sir Gabriel Stokes şiddetli bir sadmeye maruz kalan elastik katı bir cismin iki türlü kütle dalgası ürettiğini göstermiştir. Bunlar boyuna ve enine dalgalardır (gazlarda ve sıvılarda enine dalgalar oluşmaz). Şekil 1'de[1] görüldüğü gibi, boyuna dalgalar elastik cisimde geçici bir hacim değişikliğine yol açarlar. Buna mukabil enine dalgalar geçici şekil değişikliği yaratırlar. İngiliz jeolog Richard Dixon Oldham bu iki dalga türünün değişik hızlarda yayıldıklarını tespit ederek önce gelen boyuna dalgalara *primus* (Latince "birinci" anlamında), daha sonra gelene de *secundus* (Latince "ikinci") adını vermiştir. Bugün bu iki dalga türüne kısaca P ve S dalgaları diyoruz. Bir de en son gelen ve en büyük dalga yüksekliğine sahip olan yüzey dalgaları vardır ki bunlara da Latince uzun dalgalar anlamına gelen *longae undae* veya kısaca L dalgaları denmiştir. L dalgaları da iki türdür: Hem enine hem boyuna olan Love dalgaları (adını İngiliz fizikçi Augustus Edward Hough Love'dan alır), bir de sadece boyuna olan Rayleigh dalgaları (adını İngiliz fizikçi Lord Rayleigh'den alır) (Şekil 1)[1]. Depremin neden olduğu yıkım S ve L dalgaları tarafından oluşturulur. Onun için P ve S dalgalarının gelmesi arasında geçen birkaç saniyelik zamanda elektrik, gaz ve su kaynaklarının şalterlerinin kapatılması, böylece de büyük yangın ve su basmalarının önüne geçilmesi mümkün olabilir.

Depremler sismometre (eskiden bunlara sismograf denirdi) denilen aletler tarafından kaydedilir. Bu kayıtlara sismogram denir. Şekil 2A[2] bir sismogramı, 2B[3] de bunun şematik olarak açıklamasını göstermektedir. Sismometreler hem yatay sarsıntıları hem de düşey sarsıntıları kaydedebilen kısımlara sahiptir. Sismometreler belirli istasyonlarda konuşlandırılır. Bir depremin nerede olduğunu tespit edebilmek için birbirinden coğrafi olarak değişik konumlara sahip en az üç sismometreye ihtiyaç vardır.

Deprem, kayaçlar içinde meydana gelen bir kırık boyunca olan bir hareketin eseridir. Üzerinde kendine paralel hareket meydana gelen kırıklara Fransızcadan alınan bir terimle "fay" diyoruz. Fay aslında kusur demektir ve eski bir madenci terimidir. Hiçbir fay yüzeyi pırıl pırıl bir düzlem değildir, muhtelif pürüzler içerir. Bu pürüzler fay üzerindeki hareketin sürekli ol-

---

1 Şekil 1 için bkz. elinizdeki kitap, s.122. (Y.N.)
2 Şekil 2A için bkz. elinizdeki kitap, s.123. (Y.N.)
3 Şekil 2B için bkz. elinizdeki kitap, s.123. (Y.N.)

masını engeller; yani fay "takılır". Fayın takıldığı pürüz üzerinde zamanla yük artar ve nihayet pürüzdeki engel kırılarak fay düzlemi boyunca ani bir hareket olur. İşte bu kırılma yukarıda anlatılan elastik dalgaları, yani depremi yaratır.

Kırılmanın olabilmesi için belli bir enerjinin, yani iş yapabilme kapasitesinin birikmiş olması gerekir. Kırılma ile birlikte bu enerji açığa çıkar. Açığa çıkan enerjiye depremin büyüklüğü denir. Son zamanlarda tercih edilen büyüklük artık mahalli bir ifade olan Richter büyüklüğü (M_L) olarak değil, Amerikalı jeofizikçi Thomas C. Hanks ve Japon jeofizikçi Hiroo Kanamori tarafından 1979'da geliştirilen moment-manyitüd (M_w) olarak ifade edilir. Bu tanıma göre deprem büyüklüğü, bir fayın kırılma yüzeyi boyunca meydana gelen harekete neden olacak kuvvettir. Bu şöyle hesaplanır: Elastik bir yer katsayısı x kayan alan x kayma miktarı. Fizikte iş tanımı kuvvet x yol olduğuna göre, M_w aslında depremin yaptığı işe bağlı bir kavramdır.

Depremin yeryüzünde neden olduğu sarsıntı için ise İtalyan volkanolog ve sismolog Giuseppe Mercalli tarafından 1902 yılında tamamen sarsıntının yarattığı zarar üzerine yapılan gözlemlere dayalı bir sarsıntı şiddeti ölçeği geliştirilmiştir. Aşağıda bu ölçeğin 1'den 12'ye kadar uzanan kademeleri tanımlanmıştır. Depremlerin Mercalli şiddetleri, deprem büyüklüğü ile karışmamaları için, Romen rakamlarıyla ifade edilir.

Mercalli şiddet ölçeğinin kademeleri şu şekilde sıralanır:

I. İnsanlar sarsıntıyı hissetmezler.
II. Yalnızca durmakta/oturmakta olan veya binaların üst katlarındaki birkaç kişi sarsıntıyı hissedebilir.
III. Kapalı mekânlardaki pek çok kişi sarsıntıyı hisseder. Asılı nesneler ileri-geri sallanır. Dışarıdakiler bir depremin olduğunu fark etmeyebilir.
IV. Kapalı yerlerdeki ekseri insan sarsıntıyı hisseder. Asılı nesneler savrulur. Tabak-çanak, pencereler ve kapılar takırdar. Deprem büyük bir kamyon duvara vurmuş hissini verir. Dışarıdaki bazı kişiler depremi hisseder. Park halindeki araçlar sarsılır.

V. Sarsıntıyı hemen herkes hisseder. Uyuyanlar uyanır. Kapılar açılıp kapanır. Tabak-çanak kırılır. Duvardaki resimler hareket eder. Küçük nesneler hareket eder ve ters döner. Ağaçlar sallanabilir. Sıvılar açık kaplardan dışarı savrulabilir.

VI. Sarsıntıyı herkes hisseder. İnsanlar yürümekte güçlük çeker. Raflardaki nesneler düşer. Duvarlardaki resimler düşer. Mobilya hareketlenir. Duvarlardaki sıva çatlayabilir. Ağaç ve çalılıklar sallanır. Kötü yapılmış binalarda hasar azdır. Yapısal zarar meydana gelmez.

VII. İnsanlar ayakta durmakta zorlanır. Sürücüler arabalarının sallandığını hisseder. Bazı mobilyalar kırılır. Gevşek tuğlalar düşer. İyi yapılmış binalarda hasar az veya orta derecelidir; kötü yapılmış binalarda çok olur.

VIII. Sürücüler sürmekte zorlanır. İyi oturtulmamış binalar temellerinden kayabilir. Baca ve kule gibi yüksek yapılar burulup yıkılabilir. İyi yapılmış binalar az zarar görür. Kötü yapılmış binalar çok zarar görür. Ağaç dalları kırılır. Eğer zemin ıslaksa, yüksekçe yerler çatlar. Kuyularda su seviyesi değişebilir.

IX. İyi yapılmış binalar ciddi hasar görür. Zemine tespit edilmemiş evler temellerinden kayar. Bazı yeraltı boruları kırılır. Yerde kırık ve çatlaklar oluşur. Su hazneleri ve benzeri hazneler ciddi hasar görür.

X. Ekseri binalar ve temelleri tahrip olur. Bazı köprüler tahrip olur. Barajlar ciddi hasar görür. Büyük heyelanlar olabilir. Kanallardaki, nehirlerdeki ve göllerdeki su kenarlara bindirir. Geniş alanlarda yer kırılır. Raylar bükülür.

XI. Ekseri binalar çöker. Bazı köprüler tahrip olur. Yerde büyük kırıklar görülür. Yeraltı boruları tahrip olur. Raylar şiddetle bükülür.

XII. Hemen her şey tahrip olur. Nesneler havaya fırlatılır. Yeryüzü dalgalar şeklinde hareket eder. Büyük miktarda kayaç hareketi olur.

Şimdi çok sık birbiriyle karıştırılan büyüklük ve şiddet kavramlarını bir kez daha özetleyelim:

Deprem Büyüklüğü (*Moment-Magnitude*) Nedir?

Deprem büyüklüğü, bir fayın kırılma yüzeyi boyunca meydana gelen harekete neden olacak kuvvettir (Thomas C. Hanks ve Hiroo Kanamori, 1979). Bu şöyle hesaplanır: Elastik bir yer katsayısı x kayan alan x kayma miktarı.

Deprem Şiddeti (İntensity) Nedir?

Deprem şiddeti, depremin meydana getirdiği yıkımın (dolayısıyla sarsıntının) öznel ifadesidir ve Mercalli ölçeğine göre ölçeklendirilir (Giuseppe Mercalli, 1902).

Dolayısıyla bir depremin merkez üssünden ne kadar uzaklaşırsanız uzaklaşın, depremin büyüklüğü değişmez ama şiddeti giderek azalır.

31 Ekim 2020 İzmir/Néon Karlovásion Depreminin Jeolojik Ortamı

Şekil 3[1], Doğu ve Orta Akdeniz ile çevresindeki tüm faal fayları göstermektedir. Türkiye, Ege Denizi ve Yunanistan'daki fayların oluşmalarının nedeni, Şekil 4'te[2] gösterildiği gibi Türkiye'nin Avrasya'ya nazaran batıya doğru hareket etmesidir. Bahis konusu alan, yani batı Türkiye/Ege Denizi/Yunanistan dünyadaki kıt'alar üzerinde bulunan en faal deprem alanıdır. Bu hareketin sebebi, Arap Yarımadası'nın Avrasya'ya nazaran yılda yaklaşık 1,5 cm gibi bir hızla Doğu Anadolu'yu ve Kafkasları sıkıştırmasıdır. İki parmak arasında sıkıştırılan bir limon çekirdeğinin fırlaması gibi, Anadolu'nun önemli bir kısmı da Kuzey ve Doğu Anadolu Fayları boyunca sıkışan alandan batıya atılmaktadır. Şekil 5[3], Batı Anadolu ve Ege'de Küresel Yer Belirleme Sistemi (Global Positioning System: GPS) tarafından tespit edilen

1 Şekil 3 için bkz. elinizdeki kitap, s.124. (Y.N.)
2 Şekil 4 için bkz. elinizdeki kitap, s.125. (Y.N.)
3 Şekil 5 için bkz. elinizdeki kitap, s.126. (Y.N.)

hızları göstermektedir. Buradaki her ok, ucundaki bir noktanın hızını ifade etmektedir (hız ölçeği, yani ok uzunluklarının yılda kaç cm hareketi temsil ettikleri, şeklin sol yukarısında gösterilmiştir). Dikkat edilirse, bu hızların güneye yaklaştıkça arttığı görülür. Bu da tüm Batı Anadolu ve Ege'de yaklaşık kuzey/kuzeydoğu-güney/güneybatı bir uzamanın, bir çekmenin olduğunu gösterir. Şekil 3[1] içinde Batı Anadolu ve Ege'de sarı renkle gösterilen tüm faylar bu çekmenin yarattığı, "normal fay" denilen faylardır. Şekil 6[2] şematik olarak bir normal fayın özelliklerini göstermektedir. Şekil 7[3] ise ABD'nin batısında, Teton Dağlarında meydana gelmiş 7 büyüklüğünde bir depremin yarattığı kırığı ve bu kırığın "fay basamağını" göstermektedir. İşte 31 Ekim 2020 İzmir/Néon Karlovásion depremi esnasında Sisam Adası'nın kuzeyinde ama su altında oluşan fay bunun aynısıdır.

Ne Yapılmalıdır?

İzmir'de can ve mal kaybına sebep olan 31 Ekim 2020 İzmir/Néon Karlovásion depreminin bir benzerini İzmir içinden ve yakınından geçen faylar yakın bir gelecekte oluşturabilir. Bu fayların bir ön çalışması Maden Tetkik ve Arama Genel Müdürlüğü tarafından hazırlanan 1/250,000 ölçekli Türkiye diri fay haritasında gösterilmiştir. Şimdi yapılacak olan öncelikle tüm İzmir şehrinin ve yakın çevresinin 1/5000 ölçekli bir jeolojik haritasının çıkarılmasıdır. Bu harita yalnız kayaç türlerini değil, bahis konusu ölçekte gösterilebilecek tüm yapıları içermelidir. Bu haritaya paralel olarak aynı ölçekte bir jeomorfoloji haritası çıkarılmalıdır. Zeminin doğal veya suni dolgu olduğu yerlerde muhakkak sismik yansıma ve yer radarı ile dolgu kalınlığı tespit edilmeli, bu çalışmalar sonucunda kararlaştırılacak yerlerde sondajlar yapılarak dolgu paketinin içeriği belirlenmelidir. Tüm

1 Şekil 3 için bkz. elinizdeki kitap, s.124. (Y. N.)
2 Şekil 6 için bkz. elinizdeki kitap, s.127. (Y.N.)
3 Şekil 7 için bkz. elinizdeki kitap, s.127. (Y.N.)

bu bilgiler deprem mühendislerine verilerek şehir ve yakın çevresinin bir muhtemel sarsıntı öngörüsü çıkartılarak bölgelendirme yapılmalı, deprem mühendislerinin tavsiyesine de çok katı olarak uyulmalıdır. Bu tavsiyelere uymayanlar için en ağır cezai müeyyideler muhakkak yasalaştırılmalı ve istisnasız, müsamahasız uygulanmalıdır.

Bilhassa dikkat edilmesi gereken husus yukarıda belirtilen işlerin yapılması için gerçek uzmanların bulunmasıdır. Ülkemizde deprem hakkında tek bir ciddi çalışması olmayan kişiler yıllardır gazete ve televizyonlarımızda büyük bir sorumsuzluk örneği olarak halkın önüne deprem uzmanı diye çıkarılmaktadır. Uzman seçilirken başvurulacak kıstas basittir: Uzman addedilen kişinin uluslararası yayınlarına ve bu yayınların uluslararası atıf endekslerinde aldıkları atıflara bakmak yeterlidir. Uzman olduğu iddia edilen kişinin uzmanlık alanında en az 10 uluslararası yayını ve en az 100-200 atfı yoksa, ona uzman denmez. Bu verdiğim sayıları birer minimum kabul etmek lazımdır.

Bunlar yapılmadığı takdirde İzmir, 31 Ekim 2020 depreminden çok daha büyük bir felakete uğrayabilir.

Teşekkür

Beni, İzmir Depremi Ortak Akıl Buluşması çalıştayının[1] açış konuşmasını yapmak üzere davet ederek onurlandıran ve bu çalıştayı düzenleyen İzmir Büyükşehir Belediyesi'ne ve muhterem başkanı Tunç Soyer Beyefendi'ye burada şükranlarımı arz etmeyi zevkli bir vazife addederim. Umuma hitap eden bir metin olması nedeniyle burada teknik literatüre referans vermeyi gereksiz buldum.

1 İzmir Depremi Ortak Akıl Buluşması, 11-12 Kasım 2020 tarihlerinde, İzmir Büyükşehir Belediyesi'nin ev sahipliğinde gerçekleştirilmiştir. (Y.N.)

II

Marmara Denizi'ndeki Müsilaj Meselesi

Bana aktarıldığına göre sosyal medyada, Şengör, Marmara Denizi'ndeki müsilaj konusunda neden hiçbir şey söylemiyor diye sorulmuş bir dönem. Amerika'daki Büyük Göller'in kirlenme sorunuyla ilgili niçin konuşmuyorsam, aynı nedenle Marmara hakkında da konuşmuyorum çünkü bu konuda bilgim yok. Bütün bildiklerim gazete ve televizyonlarda söylenenler ki onlara dayanarak da benim herhangi bir fikir beyan etmem doğru olmaz. Kaldı ki ben ne oseanografım ne de deniz biyoloğu. Bilmediğim bir konuda kalkıp ahkâm kesmek pek de bilimsel bir tutum olmaz.

Ancak içdenizlerin zehirlenmesi konusunda, ben ve öğrencim Saniye Atayman (şimdi Saniye Güven-Neumann) 2009 yılında Amerika Jeoloji Derneğinin özel yayınlarının 448'incisi olarak bir kitap yayımladık.[1]

Bundan ayrı olarak Paleo-Tetis'in oksijeninin azalmasının, çevresindeki maden yataklarının oluşumuna nasıl etki ettiği konusunda da iki makalem çıktı.[2]

---

1 **Şengör, A. M. C.** ve Atayman, S., 2009, *The Permian Extinction and the Tethys: An Exercise in Global Geology*: Geological Society of America Special Paper 448, x+96 pp.

2 **Şengör, A. M. C.,** Atayman, S. ve Presnell, R., 2008, "Palaeo-Tethys, Permian extinction and stratabound copper-sulfide deposits of the Cimmerides": şurada Spencer, J. E. and Titley, S. R., yayıma hazırlayanlar: Circum-Pacific Tectonics, Geologic Evolution and

Tüm bu yayınların ortak teması, bundan yaklaşık 255 milyon sene evvel tamamen kapalı bir içdeniz haline gelen Paleo-Tetis'in ekvatoryal konumunun bu devasa okyanusu sıcak bir deniz haline dönüştürmesi nedeniyle okyanus içindeki su çevriminin durması ve buna bağlı olarak oksijenin tüketilerek yerini H_2S ve CH_4 gibi gazların almasıydı. Bu gazların aşırı birikmesi, sonunda gaz patlamalarına neden olmuş, bunlar hem okyanusu hem de çevresindeki yaklaşık 2000 km'lik bir alanı zehirlemişlerdi. Sonunda dünyada yaşayan canlıların %95'i ortadan kalktı ve Paleozoyik zaman kapanarak Mesozoyik zamana girildi. Benzer bir tehlike Karadeniz için de mevzubahistir. Eninde sonunda, durum değişmezse, o da patlayarak 60 km çevresinde oksijen soluyan canlı bırakmayacaktır. Bunun küçük ölçekte örneklerini Afrika'daki bazı göllerin çevresinde gördük.

Marmara konusu ancak çok disiplinli bir ekip tarafından ele alınabilir: Fiziksel oseanograflar, deniz biyologları, agronomlar, çevre mühendisleri, şehir planlamacıları ve toplum yöneticileri. Böyle bir ekip çalışması şu anda Türkiye'de bu kadar yaşamsal bir konuyu bile akılsızca bir itişip kakışma meselesi yapan zehirli politik ortam nedeniyle mümkün değildir. Bu yüzden de ben bu konuya hiç değinmedim, zaten değinebilecek bilgim de yok. Bu ortamda herhangi bir faydam olabileceğini de düşünmediğim için bilgi toplamaya da girişmedim.

Ore Deposits: *Arizona Geological Society Digest*, no. 22 (W. R. Dickinson volume), pp. 19-30; Richards, J. ve **Şengör, A. M. C.**, 2017, Did Paleo-Tethyan anoxia kill arc magma fertility for porphyry copper formation: *Geology*, doi:10.1130/G38954.1

III

Para-Tetis: Laskarev'e Kadarki Kısa Tarihçe

Scientific Reports dergisinde Dan Valentin Palcu, Irina Stanislavovna Patina, Ionuţ Şandric, Sergei Lazarev, Iuliana Vasiliev, Marius Stoica ve Wout Krijgsman tarafından 1 Haziran 2021 tarihinde yayımlanan "Late Miocene megalake regressions in Eurasia" başlıklı makale üzerine, Orhan Bursalı benden Para-Tethys kavramının tarihçesi hakkında bir not yazmamı istedi.

Para-Tethys kavramı 1866 yılında büyük Avusturyalı jeolog Eduard Suess'ün (1831-1914, Şekil 10[1]) Viyana havzası içerisinde yaptığı çalışmalarıyla başlamış (Şekil 11[2]) ve daha sonra Macar Ovası'na, oradan Romanya ve tüm Karadeniz Havzası'na ve nihayet Aral Gölü'ne kadar uzanan jeolojik incelemelerin ürünüdür. Bu çalışmaların ilk ürünleri, Suess'ün Şekil 12'de[3] gösterilen makalesi ve kendisinin ricası üzerine ona güney Rus İmparatorluğu içerisinde yapılan çalışmaları özetleyen bir mektup yollayan Rus jeolog Nikolai Pavloviç Barbot de Marny'nin (1829-1877, Şekil 13[4]) Suess tarafından Barbot de Marny'nin adı altında bir makale haline sokularak aynı yıl Viyana Bilimler Akademisi Tu-

1 Şekil 10 için bkz. elinizdeki kitap, s.129. (Y.N.)
2 Şekil 11 için bkz. elinizdeki kitap, s.129. (Y.N.)
3 Şekil 12 için bkz. elinizdeki kitap, s.130. (Y.N.)
4 Şekil 13 için bkz. elinizdeki kitap, s.130. (Y.N.)

tanaklarında yayımlanan mektubudur (Şekil 14[1]). Bu yazılardaki veriler, bundan yaklaşık 13 milyon sene evvel Viyana'dan Orta Asya'ya uzanan ve bileşimi acısu olan bir içdenizin varlığını göstermişti. 1924 yılında Belgrad Üniversitesi'nde çalışan Rus jeolog Vladimir Dimitreyeviç Laskarev (1868-1954, Şekil 15[2]) bu içdenize Para-Tetis adını verdi ve ilk kez detaylı bir haritasını yayımladı (Şekil 16[3]). Ondan beri hem eski Rus İmparatorluğu'ndan türeyen ülkelerde hem Balkan ülkelerinde hem de bilhassa Avusturya'da bu içdeniz hakkında detaylı çalışmalar yapılmaktadır. Ülkemizde bilhassa İTÜ'lü araştırıcılar Prof. Dr. Mehmet Sakınç liderliğinde Para-Tetis'in jeolojisini incelemektedirler.

---

1 Şekil 14 için bkz. elinizdeki kitap, s.131. (Y.N.)
2 Şekil 15 için bkz. elinizdeki kitap, s.131. (Y.N.)
3 Şekil 16 için bkz. elinizdeki kitap, s.132. (Y.N.)

IV

Merkür'ün "Geri Hareketi" Yoktur!

Bir gazetemizde okumuştum: Merkür "geri hareketini bitirmek üzereymiş"! Merkür'ün geri hareketi falan yoktur! Bu Batlamyüs'ün (yani Ptolemaios'un) MS 2. yüzyılda yazdığı *Almagest*'indeki (orijinal adıyla *Matematike Syntaxis*) Güneş Sistemi modelinden kalan bir kavramdır ve o modeldeki epikiklos (yani "üst daire") tasavvurundan türemiştir. Batlamyüs'e göre merkezi Dünya olan evrende, Dünya çevresindeki dairesel yörüngeler gözlemleri izah edemediği için, merkezi o dairesel yörüngeler üzerinde olan küçük dairelere oturtulmuştur gezegenler (ve Güneş)! Kopernik, Batlamyüs modelini yanlışlayıp Güneş Merkezli Sistemi'ni yayımladığı zaman, yörüngeleri gene dairesel almıştı. Bu nedenle onun sisteminde de daha az olmakla beraber üst daire varsayımına gerek duyuluyordu. Güneş çevresindeki yörüngelerin dairesel değil de eliptik olduğu Kepler sayesinde anlaşıldı (*Epitome Astronomiae Copernicanae,* 1617-1621) ve epikiklos varsayımından vazgeçildi. Yani ne Merkür'ün ne de herhangi bir başka gezegenin geriye hareket falan etmediği anlaşılalı tam dört yüzyıl oldu. Astrologlar, yani yıldız falcıları, hâlâ Batlamyüs astronomisine göre iş yaparlar. Hani gökcisimlerinin dünya üzerindeki kişilerin yaşamını etkiledikleri gibi tamamen zırva bir varsayımı saymasak bile, astrologların dört yüzyıl önce yanlışlığı anlaşılmış bir model üzerinden iş yapması hangi akla sığar bunu anlamaktan âcizim. Bir de gazeteler bu astrologlara para ödeyip, sahifelerinde yer ayırıyorlar. Hani her gün bir şempanzenin o akşam bir kâğıt üzerine karaladıklarını yayımlasalar inanın daha yararlı olur. (En azından etologlar faydalanır!)

V

Avrupa Ortaçağı İnsanlığın Yüz Karasıdır

Ortaçağ hakkında eser vermiş olan Haydar Akın Bey'in bir cümleme bakarak benim ortaçağ tahsilimin eksik olduğuna hükmetmesi doğaldır. Belki de benim Jean Buridan, Roger Bacon, Büyük Albert (doctor universalis) ve Saksonyalı Albert hakkında yazdıklarımı okuma imkânını bulamamıştır.

Kaldı ki kimin hangi konuda bilgi birikimi "tam" olabilir?

Yazısından anladığım kadarıyla, Haydar Bey iki konuya parmak basıyor: 1) Ortaçağın kendi içinden kaynaklanan dinamikleri vardır. 2) Ortaçağ eskiden sanıldığı kadar da karanlık değildi. Her iki öneri de doğrudur ama bu, yeni Avrupa'nın bilim temelli yeniden doğuşunu Antik Yunan'a borçlu olduğu gerçeğini ve ortaçağın, ilkçağın Yunan ve Roma'sına kıyasla çok daha karanlık bir çağ olduğu hakikatini değiştirmez. Büyük fizikçi Pierre Duhem de dev eseri *Le System du Monde*'da Haydar Bey'inkilere benzer tezleri savunmuş, ortaçağın bilim konusunda elde ettiği başarıları anlatmıştı. Ancak bunların hiçbiri Avrupa ortaçağının insanlık için yüz karası bir dönem olduğu gerçeğini gizlemez. Filhakika, Haydar Bey'in okumamı tavsiye ettiği yazarlar arasında iklimle ilgili eserlerinin hepsi kütüphanemde bulunan Le Roy Ladurie, Güney Fransa'nın Languedoc bölgesindeki köylülerin yaşamını anlattığı eserinde, burada gelişme olmamasını tamamen kültüre bağlamıştır. Ortaçağ bu feci durumdan Karolingiyen Rönesansı denilen ve 9. yüzyılda Şarlman'ın başlattığı harekete rağmen ancak 11. ve 12. yüzyılda meydana gelen ve Manastır reformlarıyla başlayan Rönesansı ile kurtulmaya başlamıştır. Haydar Bey'in üzerine kitap yazdığı çok yönlü bilgin ve müzisyen Azize Bingen'li Hildegard da 12. yüzyılın bir ürünüdür. Her Avrupa rönesansında "yeniden doğan şey", yani kaynak, Antik Yunan'dır. Ancak bu rönesansları yapanların Hıristiyan olmaları ve bilimle Hıristiyanlığı harmanlama çabaları, yer yer bu etkinin iyi fark edilememesine neden olmuştur.

Ortaçağ Avrupası'nı şekillendiren dört önemli etken vardır: 1) Hıristiyanlık denen Ortadoğu masalının düşüncelere egemen olması ve uygar düşünceyi tehdit etmesi, 2) Cermen kabilelerinin Roma'nın zaten içten çökmekte olan Yunan temelli uygarlığını yok etmeleri, 3) Bizans'tan gelen esintiler, 4) Müslüman dünyasının doğuşu, gelişmesi ve üç koldan Avrupa üzerine etki yapması: a) İberya, b) Sicilya ve Kalabriya, c) Konstantinopolis. Bu dört etkiden ilk ikisi yıkıcı, son ikisi de yapıcı olmuştur. Yapıcı etkilerin her ikisinin de kökünde Antik Yunan vardır. Antik Yunan'ın mirasını koruyup hem Avrupa'ya hem de Müslümanlara öğreten ise Bizans olmuştur.

Bugünkü Avrupa'nın olumlu yüzü olan bilim ve eleştirel düşünce tamamen Antik Yunan'dan tevarüs edilen mirastır. Bu konuda Haydar Bey'e bilhassa daha bu yıl yayımlanan büyük Alman tarihçi Christian Meyer'in *Kultur um der Freiheit Willen: Griechische Anfänge-Anfang Europas* (Özgürlük Aşkına Kültür: Yunan Başlangıçları-Avrupa'nın Başlangıcı) adlı eserine bakmasını tavsiye ederim. Avrupa'nın çirkin yüzü olan ırkçılık ve yobazlık ise Hıristiyanlığın mirasıdır.

Bilhassa son otuz yıl içinde tarihçiler arasında gelişen ortaçağ rönesansı, yani "canım eskiden denildiği kadar da fena değildi" rüzgârları, romantik bir modadır ve bilgimize kattığı pek çok önemli veri ve bakış açısına rağmen geçecektir.

VI

Bilim Tarihi, Sosyal Tarihin Bir Parçası mıdır?

Çoğunluğun fikrini dile getirmek
birinci sınıf bir insanın vaktine değmez.
Tanım gereği, o işi yapacak bir sürü kişi vardır.

– Godfrey Harold Hardy –

20. yüzyılın ikinci yarısına kadar, bilim tarihi genellikle tarihi yazılan bilim dalının uzmanları tarafından oluşturulurdu. Bu durum 50'li yıllardan sonra değişmeye başladı ve sosyal bilim temelinden gelen profesyonel tarihçiler bilim tarihine el atıp, hem genel bilim tarihi hem de bilimin muhtelif dalları veya kuramlarının tarihçesi hakkında yayınlar yapmaya başladılar. Bu yayınların en önemli özelliği bilim tarihini sosyal tarihin bir parçası olarak ele almaları olmuştur. Tarihçiler, bilimin gelişmesini sosyal olaylara ve etkenlere bağlamak eğiliminde olmuşlardır genellikle. Hatta bunun sonucunda, bir bilim tarihçisi bilim hakkında hiçbir şey bilmese daha iyi olur diyecek kadar uç düşünceleri olan Stephen Woolgar gibi sosyolog/tarihçiler türemiştir.

Bu düşüncenin temellerini belki de meşhur İngiliz tarihçisi Sir Herbert Butterfield'in (1900-1979) 1931'de yayımladığı *The Whig Interpretation of History* (Tarihin Whig Yorumu) başlıklı küçük kitabında aramamız gerekir. Whig, İngiltere'de liberal eğilimli partilere verilen ama aslında İskoçya'da hakaretamiz bir terim olan Whigamore'dan türemiş bir terimdir. Dolayısıyla, tarihin Whig yorumu, aslında liberal düşünceli iyimser kişilerin tarihe bakışını yansıtır ve tarihi gelişmenin sürekli bir iyileşme içerisinde, eskiden mevcut az gelişmiş halden günümüzdeki "çok gelişmiş" duruma sürekli bir evrim içerisinde geldiğini varsayar. Sir Herbert bu tür yorumların ancak bugünün değerlerini geçmişe yansıtarak yapılabileceğini, bunun da iyi bir tarihçilik yöntemi olmadığını savunmuştur. Sir Herbert'e göre, her tarihi dönem ve olay kendi tarihsel konumu içinde değerlendirilmelidir. Mesela cadıların yakılması bugünkü toplum düzeni açısından bakıldığında bir cinayettir ve cezalandırılması gerekir. Halbuki 18. yüzyıl sonuna kadar Avrupa'da din kurumları cadılara inanıyordu. Dolayısıyla cadıyı yakan bir mahkemeye kötü gözle bakmak ancak bugünkü değer yargılarımız açısından mümkündür. Benzer bir şekilde, Sir Herbert, bilim tarihinde de bilimsel gelişmenin günümüze kadar sürekli yükselen bir çizgi çizdiği yorumunun yanlış olduğunu, bilimin de geçmişte çok önemli gel-gitler yaşadığını, bazı dönemlerde önemli ileri sıçramalar yapan bilimin, diğer bazı dönemlerde geriye gittiğini iddia etmiştir.

Ben Sir Herbert ile aynı fikirde değilim. Bilimsel evrimin karakteri, onun beğenmediği Whig tarzında olmuştur. Bu iddiamı açıklayabilmek için 2017 yılında Amerika Jeoloji Derneği, Jeoloji Tarihi ve Felsefesi grubunun bana verdiği Mary C. Rabbitt ödülünü kabul ederken yaptığım bir konuşmadan bazı pasajları buraya alacağım:

"Sizlere sosyal tarihçilik konusunda hiçbir eğitimi olmayan bir jeolog olduğumu hatırlatmama gerek yok. Ben sosyal tarihi merak nedeniyle ve boş zamanlarımda okuyan birisiyim. Ancak kendi işimin entelektüel temellerini bilebilmek için özelde jeolojinin, genelde de bilimin tarihçesiyle çok yakından ilgiliyim. Dolayısıyla, benim yaptığım tarihçilik Herbert Butterfield'in 1931'de biraz da küçümseyerek 'whiggish' dediği türden bir tarihçiliktir (Sir Herbert buna tarihin Whig yorumu demişti). Ona göre bu terim tarihi gelişmenin kaçınılmaz bir terakki olduğu inancını ima ediyordu. Butterfield, tarihi gelişmenin o kadar düzenli olmadığını, hızlı terakki dönemlerinin duraklama, hatta gerileme dönemleriyle ardıştığını, bir bilim tarihçisi olarak da bilginin terakki dönemlerinin, cehalet ve batıl inanç dönemleri tarafından takip edildiğini biliyordu. Fakat, Sir Herbert'in farkına varmadığı şey şuydu: Bilim tarihinde gördüğü süreksizlikler, bilimsel gelişmenin süreksizlikleri değil bilimin toplumlar tarafından reddedildiği dönemlere karşılık gelen duraklamalardı. Sokrat öncesi doğa bilimcilerin biliminin sekteye uğraması, Sokrat'ın kötü biliminden değil, bilimi reddetmesinden kaynaklanmıştı. Hatta Sokrat bilim yapmayı, öğrencisi Ksenofon'a bir keresinde söylediği gibi, günah addediyordu! Platon (Eflâtun) bu görüşü tevarüs etmişti ve Yunan toplumunun raydan çıkmasına neden oldu; Yunan biliminin değil. Bunu onun öğrencisi Aristo'nun yaptığı bilimin, Sokrat öncesi bilimcilerinkinden çok daha gelişmiş olmasından anlıyoruz. Hellenistik bilim ise Aristo'nunkinden çok daha ilerideydi. Ortaçağ, genellikle bilimin tarih içerisindeki sürekli yükselişi görüşünü nakseden bir gözlem olarak anlatılır; halbuki bu çok yanlıştır: Bilim yapmaya hevesli Müslümanlar Yunan bilimini öğrenmekle kalmadılar, onu pek çok alanda ileriye taşıdılar ve yaptıkları yenilikleri Avrupalılara miras bıraktılar. Böylece de 17. yüzyıldaki bilim devrimini mümkün kıldılar. Batı Avrupa biliminin bile ortaçağda hiçbir zaman İskenderiye veya Bergama biliminin düzeyinin altına düşmediğini Pierre Duhem pek güzel belgelemiştir.

Büyük kozmolog Edward Harrison (1919-2007) 1987'de *Nature* dergisinde 'Whigler, ukalâlar ve bilim tarihçileri' başlıklı kısa bir not yayımlamıştı. Bu notunda Harrison, bilim tarihi bugünkü bakış açısından bakılarak yapılmazsa, geçmişte yapılmış bilimin öneminin anlaşılmasının mümkün olmayacağını belirtiyordu. Ben kendisiyle tamamen aynı fikirdeyim. Ben bilim tarihini durduğum yeri daha iyi anlayabilmek için yapıyorum ama bulunduğum yerden bilim tarihine bakmak benden önce gelenlerin problemlerini ve mücadelelerini bilimden hiç anlamayan birine nazaran daha iyi takdir etmeme neden oluyor. Bilimin zaman içerisindeki gelişmesinin kendisi whiggish'tir. Bilimin yücelmesi, sadece ondan tamamen vazgeçilirse durdurulabilir. Bilimin gelişmesinde pek çok çıkmaz sokakla karşılaşılması, bilimin sürekli geliştiği iddiasını naksetmez. Çıkmaz sokaklar, varsayımların kontrolünün ve dolayısıyla bilimsel yöntemin bir parçasıdır. İyi bir bilimsel temel olmadan bilim tarihçesi yapmaya kalkmak karaya oturmak için en iyi kılavuzdur. Steve Woolgar gibi bazı bilim tarihçileri bilim tarihçisinin hiç bilim bilmemesinin daha iyi olacağını iddia etmektedirler. Böyle bir görüşün tam bir zırvalık olduğu kanaatindeyim. Müteveffa Thomas Kuhn'un iddia ettiği gibi, varsayım seçimi de tamamen bilimcinin hevesine tabi bir olay değildir. Bilimde en yüksek istinaf mevkiinin ilgili kimselerin çoğunluğu olduğu iddiası da doğru değildir. Öyle olsaydı, ne Kopernik ne Galilei ne Eduard Suess ne Einstein ne de Émile Argand meydana getirdikleri ilerlemeyi başarabilirlerdi. Dolayısıyla bilimsel gelişmede sosyal olaylar değil, bireysel seçim ve kararlar önemlidir. Goethe'nin dediği gibi, bir bilimin tarihi, bilimin kendisidir. Bilimi bilmeyenin bilim tarihi yapmaya soyunması abestir. Onun için sosyolojinin, bilim tarihine ışık tutacak önemli bir destek olamayacağı kanaatindeyim."

Mesela, İtalyan fizikçi ve matematikçi Evangelista Torricelli'nin (1608-1647) 1643'te barometreyi keşfi sürecine bir bakalım. Floransa'da pompacılar, pompalarla suyu 10 metreden yukarıya çekemiyorlardı. Bu durum Toskana Grandükü II. Ferdinando de Medici'nin canını sıktığı için Grandük, Torricelli'den problemle ilgilenmesini rica etmişti. Buraya kadar gelişen olaylar sosyal olaylardır. Ama havanın ağırlığı Grandük'ün sıkıntılarından veya Torricelli'den istediği yardımdan tamamen bağımsızdı ve Aristo'ya kadar uzanan eski bir problemdi. Daha önce Cenovalı fizikçi, mühendis ve astronom Giovanni Battista Baliani (1582-1666) dostu Galilei'ye 1630'da bir mektup yazarak 21 metre yüksekliğinde bir tepenin üzerinden suyu aşırmak için kurduğu bir sifonun niçin çalışmadığını sormuştu. Galilei problemi çözemedi ve öğrencisi Torricelli'ye devretti. Torricelli'nin bulduğu çözümün ve o çözüme ulaşma yolunun, aynı çözümü daha önce Descartes (1596-1650) ve Gasparo Berti'nin (1600-1643) de bulduğu ama yayımlamadıkları düşünülürse, sosyal olaylarla hiçbir ilgilerinin olmadığı görülür. Grandük'ün Torricelli'den yardım istemesi sosyal bir olaydır. Ama Torricelli'nin gözlem ve yöntemlerinin zamanının sosyal ortamıyla veya olaylarıyla en ufak bir ilişkisi yoktur. Toricelli eğer milat yıllarında İskenderiye'de yaşayıp aynı problemle karşılaşsaydı, hiç kuşkusuz aynı çözümü önerirdi.

Benzer şekilde 19. yüzyılda artan enerji ihtiyacı sosyal bir olaydı. Bunun için gereken kömürün aranması ve bulunması için muhtelif devletler tarafından jeolojik servislerin kurulması da sosyal olaylardı. Ama kömürün bulunması için geliştirilen ve test edilen varsayımların, kullanılan yöntemlerin vs. sosyal ortamla hiçbir alakaları yoktu. Bunlar tamamen işleri yapan jeologların merak ve yeteneklerinin ürünleriydi. Ama o merak ve yetenekler de sosyal ortamın ürünleriydi diyecek birisi çıkarsa, ona Madras'ın gecekondularında fakirlik içinde büyümüş Srinivasa Aiyangar Ramanujan'ın (1887-1920) İngiltere'nin zengin kültürel ortamında yetişmiş Cambridge matematik profesörü Godfrey Harold Hardy'den (1877-1947) daha iyi bir matematikçi olmasını hangi sosyal kurama göre açıklayacağını sormak gerekir.

Bilim, kendi mantığı içinde bireylerin merakı nedeniyle gelişen bir olgudur. Bilimin mantığı, Tales ve Anaksimander tarafından Milet'te icat edildiği MÖ 7. yüzyıldan beri değişmemiştir. Kişisel merak bireyin dehasının ürünüdür, çevrenin ürünü değildir ama çevre tarafından köreltilebilir. Merakın hangi istikamete yöneleceğini ise çevre, Ramanujan örneğinde gördüğümüz gibi, ancak kısmen tayin eder. Onun için bilim tarihinde bireylerin çalışmalarının incelenmesi, bireyin içinde yaşadığı sosyal ortamdan çok daha önemlidir. Onun için de bilim tarihi yapmaya heveslenen tarihçinin, tarihini yazmaya çalıştığı bilimin içinden yetişmiş olması veya en azından o bilimi iyice kavramış olması gerekir. Bilim tarihi, sosyal tarihin bir parçası değildir; bilimin parçasıdır. Bilim tarihi elbette sosyal tarihin içine oturtulabilir.

Ama bilimcinin faaliyetinin esasının sosyal çevreden çok büyük ölçüde bağımsız olduğunun iyi kavranması gerekir.

Bu sayıda Prof. Ursula Klein'in[1] yazısında da görülebileceği gibi, benim "bilimin tarihinin anlaşılmasında sosyal disiplinlerin faydalı olmadıkları" fikrim, günümüzün özellikle sosyal bilim temelli bilim tarihçiliği ile çelişmektedir. Bunun nedeni bana göre sosyal bilimler temelinden gelen bilim tarihçilerinin entelektüel tarihten ziyade toplumsal tarihe ilgi duymalarıdır. Halbuki bilim tarihi tamamen entelektüel bir tarihtir ve amacı bilimsel fikirlerin nasıl ortaya çıkıp geliştiklerini anlamaktır. Bilimsel fikirler de, her ne kadar bir bilimciler grubu içindeki tartışmalardan etkilense bile, bireyin kafasında oluşur.

1 Prof. Klein'in yazısı için *İTÜ,* İstanbul Teknik Üniversitesi Yayını, no.84'e (2019) bkz.

VII

Türkiye Hep Böyle Kalitesizdi

Evet, Türkiye hep böyle kalitesizdi. Bunun nedeni 1000 yıllık cehalet yönetimidir. Bu 1000 yıl içinde Türkiye, birkaç kişi dışında, uluslararası değerde hiç kimse üretememiştir. Elbette padişahlarımızın hepsi, veziri azamlarımızın hemen hepsi tarihte mevcuttur ama dünyadaki her ülkenin en üst yöneticilerini tarih kaydeder. Osmanlı padişahları arasında padişah olmasa da adı bilinecek sadece ve sadece bir tek kişi vardır: Fatih Sultan Mehmet. Veziri azamlarımızdan ise kesin Sokullu, belki erkânı selâseyi oluşturan Mustafa Reşit, Keçecizâde Fuat ve Âli Paşalar. Bilimadamı? Sarı Lütfi'den ve Hüseyin Tevfik Paşa'dan başka yok ki; bunlar da genel değil ancak özel bir bilim tarihinde minik bir yer alabilirler. Sarı Lütfi, Fatih'e, onunla şakalaşacak kadar yakın olan matematikçi ve Fatih'in kütüphanecisi, II. Bayezid tarafından Sultanahmet'te dinsizdir diye astırılmamış mıydı? Türkiye'de bunları tanıyan var mıdır halk arasında? Sanatta biraz daha iyiyiz ama onu da uluslararası bir hale getirememişiz. Bu işleri inceleyen bilim insanları dışında kim tanır senin Matrakçı Nasuh'unu, Nedim'ini, Nef'i'ni, Itri'ni, Dede Efendi'ni? Hatta ve hatta Matrakçı Nasuh'u bilen kaç Türk vardır acaba? "Cihan padişahımız" Muhteşem Süleyman, Pîrî Reis'imizin kafasını uçurtacak yerde ona destek verseydi, bizden de bir Macellan, bir Vasco da Gama çıkmaz mıydı? Bilimadamı diye yere göğe koyamadığımız Kâtip

Çelebi'miz hakkında merhum hocamız Mükrimin Halil Yınanç ne demişti? "Zamanının büyük dâhileri Descartes, Newton, Leibniz gibilerin yanında Çelebi olsa olsa meraklı bir müptedîdir!" Buna itiraz edecek bir bilim tarihçisi olabilir mi? Bir imparatorluk düşünün ki ilk üniversitesi 1900'da açılmış olsun! Malum 1773'de açılan İTÜ bir mühendislik mektebiydi. Kimse bana "ama medrese vardı" demesin. Osman Ergin'in beş ciltlik eğitim tarihinde sorduğu soru ve verdiği cevap şudur medrese hakkında: "Medrese kimi yetiştirmiştir? Kısaca hiç kimseyi."

Türkiye'nin bütün dünyanın bildiği ve takdir ettiği tek bir kişisi vardır: Atatürk. Onun yönetimindeki 15 sene ülkemiz tarihinin altın çağıdır. Ondan öncesi ve sonrası birer felakettir. Atatürk'ten sonrası yavaş bir iniş olmuştur ne yazık ki. Hiçbirini icat etmemiş olduğumuz çağdaş haberleşme imkânları sayesinde bikini giymeyi, Mercedes'e binmeyi, oradan buradan pop şarkı bestesi yürütmeyi (Murat Bardakçı bunları belgeleye belgeleye bir hal oldu) öğrendik. Bilimde ve sanatta birkaç iyi icracımız oldu. Nobel'in en tartışmalı iki dalı olan barış ve edebiyattan ikincisinde bir temsilcimiz oldu. Aziz Sancar Bey ise Türkiye'ye mal edilemez; Amerika'nındır. Sonrası? Boş.

Osmanlı ve Anadolu Selçuklu orduları? Karşılarına ciddi düşman çıkmadığı sürece iyiydiler. Peki Baycu Noyan'a, Timur'a, Prinz Eugen'e karşı ne oldu? İki defa Viyana'da ne oldu? Malta'da ne oldu? Hint Okyanusu'nda ne oldu? Güya kendi valimiz Mehmed Ali Paşa'ya karşı ne oldu? Balkan Harbi'nde ne oldu? Çanakkale bir destandı, evet! 150.000 küsur gencimizi, ülkemizin kaymak tabakasını orada şehit verdik. Sonra? Orada canımızı vererek durdurduğumuz ordu ve donanma, ellerini kollarını sallayarak Çanakkale'yi geçip geldi, İstanbul'da padişahın sarayının önünde demirledi ve padişahı esir aldı. Çanakkale başarısının baş mimarı Atatürk, Atatürk olduktan sonra kahraman ilan edilmedi: Daha o zaman halk onu Anafartalar kahramanı ilan etti; ama Enver kıskançlığından onu generalliğe terfi ettirmek istemedi. Terfii ancak Mareşal Liman von Sanders'in Enver'e yazdığı sert mektup sonucu olabildi. Osmanlı ordusunun komutanları, en büyük kahramanlarını kıskanıyordu. Onu takdir etmek de bir Alman'a kalmıştı. Liman von Sanders Filistin'deki Alman fabrikalarını teftişe, yanına General Mustafa Kemal'i alıp gitmişti. Oradaki Alman grubunun lideri Hornung ailesine akşam yemeğine davet edildiği zaman Alman mareşali yanında sadece Mustafa Kemal Paşa'yı götürmüştü. Sonra? İşte bugüne geldik: Çanakkale'den Atatürk'ün adının silindiği, ona küfredenlerin neredeyse ödüllendirildiği, "keşke Yunan kazansaydı" diyen meczup bir sefilin cenazesine bakanların omuz verdiği, 9 fen lisesinin yanına 160 küsur imam mektebinin açıldığı, Amerikan maşası rezil bir cahilin adı altında ve "kandırılan" ülkemiz yöneticilerinin canıgönülden desteği ile ordumuzun tarumar edildiği, o bahaneyle, ülkemizin en kaliteli okulları olan askeri mekteplerimizin kapatıldığı, İngiliz kralının ayağımıza geldiği günlerden, bir bakanımızın apar topar bir Avrupa ülkesinden sınır dışı edildiği günümüze geldik. Niçin?

Osmanlı'dan öğrendiğimiz cehalet kurumları ve liyakatın değersiz görülmesi ile ona paralel rüşvet müessesesi bizi mahvetmiştir. Kişisel bir tecrübemi yazayım son olarak: Ben Avrupa'nın en büyük yerbilimleri madalyasını alınca, Fatih Altaylı bunu bizzat bir basın bülteni hazırlayarak herkese duyurmuştu. Haber yapan oldu mu? Hiç kimse yapmadı. Altaylı çok üzülmüştü. Ama sebep ortada: Ülkemiz için o madalyanın ve arkasında yapılmış işin değeri sıfır da ondan.

VIII

Lozan Barış Antlaşması ve Türkiye'nin Entelektüel Gelişmesindeki Önemi

Atatürk'ün hayalini gerçekleştirebilmek için kendi kişisel emniyetini bile tehlikeye atarak uğraşmış olan büyük eğitimcimiz ve sevgili dostum Prof. Dr. Kemal Gürüz'e en derin saygılarla ithaf olunur.

Giriş

24 Temmuz 1923'te İsviçre'nin Vaud kantonunun başkenti olan Lausanne şehrinde, Lozan Barış Antlaşması, buradaki Palais de Rumine'de Türkiye Büyük Millet Meclisi Hükümeti ile Fransa, Birleşik Krallık, İtalya, Japonya, Yunanistan, Romanya ve Yugoslavya arasında imzalanarak 6 Ağustos 1923 tarihinde yürürlüğe girmiştir. Bu antlaşma, bugünkü Türkiye'nin Hatay hariç sınırlarını çizmiş ancak Güneydoğu Anadolu ve Kuzey Irak'taki hidrokarbür yataklarının kullanımı hakkındaki sorunların görüşülmesini erteleyerek bunların çözümünü tâ 5 Haziran 1926'da Birleşik Krallık, Türkiye ve Irak tarafından imzalanan Ankara (veya "Hudut ve İyi Komşuluk") Antlaşması'na bırakmıştır (bu konuda bkz. Ketin, 1981). Hatay ise 7 Temmuz 1939'da resmen bugünkü Türkiye sınırları içine alınmıştır.

Yukarıda sayılan antlaşmaların ve onların sonuçlarının tarihçesi hem Türkiye'de hem de yurtdışında pek çok yayında ele alınmış, tartışılmıştır. Lozan Antlaşması'nın müttefikler açısından ne anlama geldiğini en iyi Kurtuluş Savaşı süresince Birleşik Krallık başbakanı olan, ancak Türkiye'nin bu savaştan galip çıkması üzerine iktidardan düşen David Lloyd George dile getirmiştir: "Abject, cowardly and infamous surrender" (=sefil, korkakça, kepazece bir teslimiyet).

Türkiye açısından ise Lozan, müstakbel Türkiye Cumhuriyeti'nin doğuşunun tüm dünyaca tasdik edildiği bir adım olmuştur. Bu antlaşmayı bir tek ABD onaylamamış ama bu konuda da hiçbir girişimde bulunmamıştır.

Lozan'ın Türkiye toplumu için ne anlama geldiği pek çok açıdan tartışılmıştır. Ancak bu antlaşmanın Türkiye'ye verdiği bağımsızlığın Türkiye'deki eğitim ve bilim açısından ne anlama geldiğinin tartışıldığını ben görmedim. Burada hemen söyleyeyim: Lozan, Türkiye'de eğitim birliğini, antlaşmanın imzalanarak yürürlüğe girmesi üzerinden daha bir yıl geçmeden ve Cumhuriyet'in kuruluşundan sadece dört ay sonra kabul edilen ve 430 kanun numarasını taşıyan Tevhid-i Tedrisat (=Eğitim Birliği) Kanunu'nun teklif ve kabulünü mümkün kılmıştır. Bu kanun medreselerin kapatılmasını,[1] ilâhiyat fakültesi ile imamhatip okullarının kurulmasını (İlâhiyat Fakültesi, Süleymaniye Medresesinin yerine Darülfünun'a bağlı bir fakülte olarak kurulmuş ancak 1934 yılında öğrenci bulamaz hale geldiği için kapatılmıştır: 1924-1925 eğitim yılında öğrenci sayısı 284 iken 1932-1933 öğretim yılında 20'ye düşmüştür. [Bkz. Ergin, 1939, s.119-120.] Bu kurum daha sonra İslâmi Tedkikler Enstitüsü adı altında faaliyetini bir araştırma kurumu olarak 1941 yılına kadar sürdürmüş, 1941'de kapanmış, 1950'de tekrar açılmış ancak

1 Medrese eğitiminin ne kadar kötü bir durumda olduğu konusunda benim gördüğüm en iyi eser Ergin (1939)'dur. Medreseler hakkında en sert dili de Ergin kullanmıştır: "İşte medreselerin Fatih zamanından Abdülhamit II devrinin sonlarına kadar geçen dört buçuk asır içindeki tarihçesi bundan ibarettir. Bu medreselerin memlekete, Türklüğe ve ilim âlemine ne hizmeti ve faydası olmuştur? Belli başlı hangi âlimleri yetiştirmişlerdir? Bunlar arasında beynelmilel şöhreti haiz kimseler var mıdır? Bunları uzun uzadıya araştırmaya lüzum yoktur, "*hiç kimseyi yetiştirmemiştir*" demekte iktifa etmek daha muvafık olur." (s.94, vurgu Ergin'e ait). Ben de burada Ergin'in fikrine aynen katıldığımı belirtmek isterim. Aynı eserin 103-105. sayfalarına da bkz.

ondan beri herhangi bir ciddi varlık gösterememiştir; imam-hatip okulları önce 29 tane olarak ülkenin çeşitli yerlerinde faaliyete geçmiş, ancak onlar da giderek azalan öğrenci sayıları nedeniyle kapatılmışlardır), ilk ve orta öğretimden din derslerinin kaldırılması (başlangıçta bu derslerin müfredatta isteğe bağlı olarak bulunması öngörülmüşse de daha sonra 1930-1939 yılları arasında tedricen kaldırılmışlardır), azınlık ve misyoner okulları da Milli Eğitim Bakanlığı kontrolüne alınmış, bunların din temelli eğitim vermeleri yasaklanmıştır. Ayrıca askeri liseler de Milli Eğitim Bakanlığı kontrolüne verilmiş fakat 1925'te tekrar Milli Savunma Bakanlığı'na bağlanmışlardır.[1]

Peki, bu kanunun, yani eğitim birliğinin amacı neydi? Neyi hedefliyordu?

İki Tür Gerçek Fikri

Dünya, eski Amerika Birleşik Devletleri Başkanı Bay Donald Trump sayesinde yeni bir kavramla tanıştı: "Alternative facts" yani alternatif gerçekler! Bu kavram şuradan türemişti: 22 Ocak 2017'de Beyaz Saray Basın Sekreteri Bay Sean Spicer bir basın top-

---

1 Modern, kapsamlı ve güvenilir bir Türkiye eğitim tarihi, bu konudaki eserlerin bolluğuna rağmen, henüz yazılmamıştır. Mevcut literatür ya yetersiz kapsamlı veya politik olarak taraflıdır, dolayısıyla ciddi ve kapsamlı tarihçeler olarak görülemezler. Mevcut eserlerin tüm bu eksiklik ve/veya gayribilimsel taraflarına rağmen burada bazı eserlerin künyelerini vererek ilgilenecek okuyucuya en azından nereden başlayabileceğini göstermek istiyorum: *Genel eğitim tarihi*: Atuf (1931, 1932), Ergin (1939, 1940, 1941, 1942, 1943), Unat (1964), Stone (1971; bu kitap son derece yararlı bir bibliyografyadır), Hirsch (1988a, 1988b), Akyüz (1989), Akbulut (2003), Sakaoğlu (2003), Aras ve diğerleri (2007). *Osmanlı dönemi eğitim tarihi*: Baltacı (1976), Adıvar (1982), Özalp (1982; son derece yararlı bir derleme), Bilge (1984), Koçer (1987), Kodaman (1991), Sakaoğlu (1991), İzgi (1997a, 1997b), Çaksu (2001), Nuhoğlu (2001), Ünal (2008), Gürüz (2016). *Cumhuriyet dönemi eğitim tarihi*: Duru (1938), Süzgün (Gezgin) (1972), Sakaoğlu (1992), Anonim (1999; bol fotoğraflı iyi bir belge eseri), Özata (2007), Çınar ve Şahbaz (2008a, 2008b), Gürüz (2008). Şu küçük kitap da Atatürk'ün eğitime bakışının bir cephesini aydınlatması açısından önemlidir: Akder (1976). Ayrıca bkz. Çığıraçan (2000).
Yalnız buradaki atıf kalabalıklığına bakıp Türkiye'de eğitim tarihi hakkında yazılanların bundan ibaret olduğu intibaı asla edinilmemelidir. Burada atıf yapılan eserler çok zengin bir literatüre girişi sağlamak için pek minik bir seçkidir. Ancak tüm bu eser bolluğuna rağmen, bunlar arasında modern, detaylı ve güvenilir bir Türkiye eğitim tarihi bulunmadığını tekrar edeyim.

lantısında Başkan Trump'un göreve başlaması nedeniyle oluşan mitinge katılan kişilerin, bir önceki Başkan Barak H. Obama'nın göreve başlaması esnasında toplanan kalabalıktan daha fazla olduğunu söylemişti. Bunu desteklemek için o gün Washington metrosunu kullanan kişilerin 2009'daki göreve başlama töreni günündekilerden çok daha fazla olduğunu iddia etmişti. Halbuki bu sözler tamamen yalandı. Tam tersi olmuştu. Başkan'ın müşaviri Bayan Kellyanne Elisabeth Conway daha sonra "Basın sekreterimiz Sean Spicer söylenenlere alternatif gerçekler sunmuştu, ama..." derken, henüz sözünü bitiremeden gazeteci Charles Todd bağırarak "Bir dakika! Alternatif gerçekler? Alternatif gerçekler gerçek değil, yalandır" demişti. Daha sonra alternatif gerçek sözü Trump yönetimiyle dalga geçmek isteyenlerin sık kullandığı bir ifade oldu.

Halbuki alternatif gerçek fikri Trump'un takımı tarafından icat edilmiş bir kavram değildir. 1210 ve 1277 yıllarında Paris Üniversitesi Aristoteles'in ve Averroes'in (yani Abû l-Valîd Muḥammed ibn-i Aḥmad ibn-i Rüşd: 1126-1198; bkz. Şekil 17[1]) eserlerinin açık veya gizli okunmasını ve okutulmasını yasaklamıştı. Ancak Belçikalı düşünür ve bilimadamı Sygerius de Brabantia (Brabantlı Siger: yaklaşık 1240-10 Kasım 1284'ten önce) İbn-i Rüşd'ün sıkı bir takipçisiydi (zamanının ifadesiyle "Averroistti") ve hem onun hem de Aristoteles'in eserlerinin doğayı anlayabilmek için okunmaları gerektiğini savunuyordu. Paris Üniversitesi'nin (dolayısıyla Katolik kilisesinin) koyduğu yasağın etrafından dolanabilmek için o aralar "iki tür gerçek" fikri icat edildi (1247-1277 arasında; ama bu da Brabantlı Siger'i kurtarmaya yetmedi. Siger Paris'ten kaçtı ve Roma'nın kuzeyinde bulunan Orvieto şehrinde ya intihar etti ya da infaz edildi). İki tür gerçek fikrine göre, bilim için gerçek olan, din için gerçek olmayabilirdi; buna mukabil din için gerçek olan da bilim için gerçek olmayabilirdi.[2] Bu görüş Rönesans'a ka-

---

1 Şekil 17 için bkz. elinizdeki kitap, s.133. (Y.N.)

2 Bu konunun tarihini işleyen ve aslında dramatize edilmiş bir tarihçe denebilecek kadar gerçeklere dayanan Alman Latin dili filoloğu, germanisti ve sanat tarihçisi Karoline Harthun'un 2017 yılında yayımlanmış olan *Doppelte Wahrheit* (=Çift Gerçek) adlı romanını hararetle tavsiye ederim (Harthun, 2017; Harthun romanının üç önemli kahramanı hakkında Epilog bölümünde gerçek tarihi bilgiler de vermektedir: s.492-494;

dar dinin baskısından çekinen bilim insanları tarafından kullanılmıştır (ör. Rönesans'ın en önde gelen filozoflarından İtalyan Pietro Pomponazzi [1462-1525] tarafından kaleme alınan *De Immortalitate Animae* [=Ruhun ölümsüzlüğü üzerine], bkz. Betzendörfer, 1919). Hatta günümüzde paleontolog ve popüler bilim yazarı olan Harvard Üniversitesi öğretim üyesi, paleontoloji profesörü Stephen Jay Gould (1941-2002) 1997 yılında New York'taki American Museum of Natural History (=Amerikan Doğa Tarihi Müzesi) tarafından yayımlanan popüler dergi *Natural History*'deki makalesi "Non-overlapping Magisteria"nın başlığında da dile gelen "birbiriyle örtüşmeyen eğitim otoriteleri" fikrini ortaya atmıştı. "Birbiriyle örtüşmeyen eğitim otoriteleri" ifadesindeki otorite kavramı Latince olan *magisterium* kelimesinden gelir ve son derece tutucu bir din adamı olan Polonyalı Papa Ioannes Paulus II'nin (1920-2005; Papalık süresi 1978-2005 arası) Papalık Bilimler Akademisi'nde yaptığı konuşmasından alınmıştır. Gould'un makalesi sonradan kendisinin daha önce yayımlanmış olan makalelerini topladığı kitaplarından *Rocks of Ages* adlı olanda tekrar basılmıştır (Gould, 1999). Gould, Papa'nın konuşmasında söylediği "Gerçek, gerçekle çelişemez" ifadesi karşısında uğradığı şaşkınlığa çare bulabilmek için "birbiriyle örtüşmeyen eğitim otoriteleri" fikrini ortaya attığını söylüyor. Gould'a göre, bilim ve din arasındaki çelişkiyi ortadan kaldırmak için kendisinin bulduğu çözüm son derece basit ve tamamen olağan bir çözüm tarzıydı.

Halbuki burada Gould farkında olmadan (veya dindar okuyucularını memnun etmek için farkında olarak) kendi içinde çelişen, saçma bir kavram ortaya atmış, temelde ortaçağın çözümüne geri dönmüştür. Din ve bilimin konularının birbirleriyle örtüşmediğini iddia etmek tarih cehaletinin bir sonucu ve tam bir zırvalıktır. Zaten öyle bir şey olsa binlerce yıllık sürtüşme olmazdı. Yaradılış efsanesinden tutun da Nuh Tufanı'na, dillerin ayrışmasından insanların

üç kahramanın ikisi gerçekte Kilise tarafından katledilmiştir. Brabantlı Siger'in öldürülme şekli bilinmemekle beraber Marguerite Porète 1 Haziran 1310'da Paris'te Engizisyon tarafından yakılarak idam edilmiştir). "İki tür gerçek" veya "çift gerçek" kavramı ve bunun tarihçesi hakkındaki literatür çok geniştir. Meraklı okuyucuya bilhassa şu yayınları öneririm: Haering (1886), Heim (1918) ve Betzendörfer (1919, 1924).

mucizelerle hastalıklarından kurtarılmalarına, Dünya'nın şeklinden Ay ve Güneş'in yörüngelerine ve Güneş Sistemi'nin geometrisine kadar pek çok konuda hem din hem de bilim ortaya görüşler atmıştır. Bunların hepsi birbiriyle örtüşür ve çelişir. Bu çelişkilerin istisnasız hepsi bilim lehine çözülmüş, din her seferinde geri adım atmak zorunda kalmıştır. Kilise önce Galilei'den (bkz. Coyne ve diğerleri, 1985), sonra da Darwin'den (bkz. https://answersingenesis.org/charles-darwin/church-of-england-offers-posthumous-apology-to-darwin/) açıkça özür dilemek zorunda kalmıştır.

Avrupa'da da eğitim iki başlıydı ve pek çok Katolik ülkesinde hâlâ öyledir. Kilise kontrolünde ve Milli Eğitim Bakanlıklarının kontrolünde okullar vardır. Ancak artık Kilise kontrolündeki okullar da modern bilimsiz eğitim olmayacağını anladıkları için, seküler okullar gibi bilim okuturlar. Fakat mesela felsefenin okutulduğu Katolik okullarında okutulan felsefe derslerinde hâlâ İbn-i Rüşd'ün fikirlerinin karşıtı olan Thomas Aquinas'ın (1225-1274; bkz. Şekil 18[1]) çoktan bayatlamış olan felsefesi temel alınır (Russell, 1945, s.452). Bir Katolik olarak buna karşı çıkmanıza izin verilmez. Türkiye'de de en az bir imam-hatip okulunda biyoloji okutulmadığını ben 19 Mart 2009 tarihinde Ali Kırca yönetiminde Show TV (İstanbul) ekranlarından yayımlanan "Din, Bilim ve Darwin" başlıklı bir program esnasında üniversitede din kültürü öğretmenliği öğrencisi olan bir kişinin ağzından duymuştum (program için bkz. https://www.youtube.com/watch?v=nercDjnX_Y4). Ancak daha sonra bunun doğru olmadığını, imam-hatip okullarında 9. sınıfta zorunlu haftada iki saat, diğer sınıflarda ise edebiyat ve fen kısmı gibi alan derslerinin içinde haftada ikişer saat biyoloji dersi verildiğini, bu yazının bir müsveddesini okuyan bir münekkit sayesinde öğrendim. Tabii ne bir okulda felsefede Thomas Aquinas'ın tartışılamaz olması ne de biyoloji gibi bir temel bilimin en modern şekliyle öğretilmemesi kabul edilebilir. Biyoloji bilgisinin ne kadar yaşamsal bir önemi olduğu, evrim kavramının (mutasyon tartışmaları kanalıyla) hayatımıza ne denli etki ettiği SARS-CoV-2 virüsü tarafından Aralık 2019'dan beri

1 Şekil 18 için bkz. elinizdeki kitap, s.134. (Y.N.)

yayılan COVID-19 pandemiği esnasında görülmüştür. Bilimin tavsiyesinden ziyade dinin emirlerini yerine getirenlerin çoğunlukta olduğu Hindistan gibi ülkelerde COVID-19 hastalığından ölenlerin sayısı resmi rakamlara göre 266.229'dur. Vaka sayısı ise 24.372.243'tür. Gerçeğin ise bu resmi rakamların çok üzerinde olduğu, ölü sayısının yarım milyonu geçtiği sanılmaktadır. Şekil 19[1] Hindistan'daki toplam vaka sayısının resmi rakamların verilerine göre çizilmiş bir grafiğidir. Nisan'dan beri olan hızlı artış, dini bayramlarla (Şekil 20[2]) örtüşmektedir. Şekil 21[3] ise en çok vakanın görüldüğü beş ülkede, 9 Mart-3 Mayıs 2021 aralığında resmi verilere göre tespit edilen haftalık ölüm sayılarını sergilemektedir. Bu grafikte görülen tüm ülkelerin nüfusunun çok önemli bir kısmı koyu dindar olup, bilimle din çeliştiği zaman, dini tercih eden insanlardan oluşmaktadır. Mesela eski ABD Başkan Yardımcısı Bay Michael (Mike) Richard Pence (1959-) ABD Temsilciler Meclisi'nde 11 Temmuz 2002'de yaptığı bir konuşmada açık açık akıllı tasarımcı görüşünü benimsediğini, yani Darwin'den beri gelişen evrim kuramına inanmadığını, çünkü bilim insanlarının söylediklerinin "bir teoriden ibaret" olduğunu söylemiştir (ör. bkz. https://www.forbes.com/sites/shaenamontanari/2016/11/10/vp-elect-mike-pence-does-not-accept-evolution-heres-why-that-matters/?sh=795119f715a7). Kutsal Kitap'a inandığını söyleyen koyu dindar eski Alaska Genel Valisi (2006-istifa ile ayrılış 2009) Sarah Louise Palin (1964), COVID-19 salgının başında, çevresine maske takmamalarını, tanrının kendilerini koruyacağını söylüyordu (https://www.tmz.com/2021/05/12/sarah-palin-mock-mask-wearing-lax-airport-covid/). Daha sonra, hem kendisi hem de aile efradı COVID-19 hastalığına tutulunca -herhalde bilimin, dinden daha güvenilir bir kapı olduğunu idrak edip- herkese maske takmalarını tavsiye etmeye başlamıştır (https://www.webmd.com/lung/news/20210401/sarah-palin-tests-positive-urges-people-to-wear-masks)! Hâlâ ABD'de aşı olmaya karşı olan geniş bir "İncil-

1 Şekil 19 için bkz. elinizdeki kitap, s.134. (Y.N.)
2 Şekil 20 için bkz. elinizdeki kitap, s.135. (Y.N.)
3 Şekil 21 için bkz. elinizdeki kitap, s.135. (Y.N.)

ci" (=Evangelist) Hıristiyan grubu vardır (https://www. nytimes. com/2021/05/14/opinion/evangelical-christians-vaccine.html).[1]

Günümüzde İrlanda, Filistin, Myanmar, Kaşmir gibi sıcak çatışmanın ve bunun sonucunda can ve mal kaybının yaygın olduğu bölgelerde çatışmanın nedeni çatışan grupların farklı dinlere, yani dogmatik tutumlara mensup olmalarıdır. Halbuki buralarda çatışan grupların hepsi aynı etnik kökten gelmekte, hatta genellikle de aynı dili konuşmaktadırlar. Mesela İsrail/ Filistin çatışmasına bakalım: Her iki toplum etnik olarak Sâmi gruba ait olup dilleri birbirine son derece benzer. Arap alfabesinin ilk harfi eliftir. İbrani alfabesinin ilk harfi aleftir. İbranicede iki kişi karşılaştıkları zaman geleneksel olarak birbirlerini *şalom aleyhem* (=barış içinde ol) diye selamlarlar. Arapça konuşanlar da *selâmün aleykum* derler ki anlamı aynıdır. Birbirlerine hem etnik hem de linguistik olarak bu kadar yakın olan iki insan topluluğu sadece ayrı dinlere mensup oldukları için birbirlerinin can düşmanı olmuşlardır. İrlanda'da ise sorun aynı etnik gruba, aynı lisana ve aynı dine mensup iki mezhebin üyeleri arasındadır. Bu mezhep çatışmalarında 1960'lardan 1990 başlarına kadar 3500 insan hayatını kaybetmiştir.

Tüm bu sorunların temelinde kâinatta iki ayrı gerçek olduğunu sanmak vardır. Bunlardan biri kontrol edilebilir, mantık ilkeleriyle çelişmeyen bilimsel gerçeklerdir. Bu gerçekler aslında nihâi değildir çünkü bilim geliştikçe, gerçek sandıklarımızın gerçek olmadı-

---

1 Bu bölüm yayınevine teslim edildikten bir hafta kadar sonra, 18 Mayıs 2021'de ABD Teksas eyaleti valisi Cumhuriyetçi Parti üyesi Bay Greg Abbott, eyalette hemen her türlü kürtajı yasaklayan bir kararı "Yaratıcımız bize yaşama hakkı vermiştir, buna rağmen kürtaj yüzünden her yıl milyonlarca çocuk yaşamını kaybetmektedir" diyerek imzalamıştır (bkz. https://www.nytimes.com/2021/05/19/us/texas-abortion-law.html). Bu karar ırza geçme ve aile içi ilişki sonucu ortaya çıkan hamilelikleri de kapsamaktadır. Bay Abbott kürtaj olamadığı için yaşamını kaybeden anneleri hatırlamazken bahsettiği yaratıcısının kim olduğu ve yaşama hakkını ona nasıl bahşettiği bilgisinin (Hıristiyan mitolojisi yani masalı dışında) bilimsel bir kaynağından bahsetmemiştir. Teksas'ta binlerce ölüme, intihara, aile içi faciaya neden olabilecek olan bu kararın temeli gene yukarıda bahsettiğim iki türlü gerçektir. Bilimsel sonuçlar kürtajın pek çok halde gereğini vurgularken ve çocuk sahibi olup olmama kararının bireye bırakılmasının önemi açıkken, Bay Abbott'un inandığı masallar kürtajı yasaklattırmış ve topluma çok ciddi ve tamamen gereksiz bir fenalık etmiştir. İşte Tevhid-i Tedrisat'ın önemli hedeflerinden biri de bu tür fenalıkların önüne geçmekti.

ğını görür, başka (geçici) gerçeklerin var olduğunu idrak ederiz. İkinci "gerçek" ise insanın hayal gücünden başka hiçbir dayanağı olmayan, mantık kurallarına aykırı ve gözlemle her kontrol edildiğinde ifadeleri hemen yanlışlanan mistik yani gizemli, esrarlı, açık olmayan kökenli dogmatik gerçeklerdir. Yani bu ikincilerin aslında "gerçekle" hiçbir ilişkileri yoktur, muhtelif halüsinasyon, kuruntu, evham gibi tamamen dış etki olmadan, insanın kendisinden kaynaklanan hayal ve hislere dayanırlar. Bilimsel "gerçekler" (yani bizim kuramlarımız, varsayımlarımız) yanlışlanabilir çünkü bir şekilde gerçekle temasa gelirler ve gerçek onların genellikle tamamen doğru olmadığını bize gösterir. Yani bu kuram ve varsayımlar gerçekle yüzleşebilirler ve dolayısıyla kontrolleri mümkün olur. Dogmatik gerçekler ise yanlışlanamazlar çünkü gerçekle temasa gelemezler ve dolayısıyla kontrolleri mümkün değildir. Dolayısıyla hem ortaçağın "iki gerçek türü" fikri hem de günümüzde Gould'un "birbiriyle örtüşmeyen eğitim otoriteleri" fikri tamamen birer zırvalıktan ibarettir ve gerçeği, rüya ile bağdaştırmak gibi boş bir gayretin ürünüdür.

İki Düşünce Tarzı

Atatürk'ün söz ve icraatından anlaşılan, onun din temelli çatışmalara dindarlar ve dinsizler arasında olan bir sorun olarak bakmadığıdır. Görülen, Atatürk'e göre insanların başka bir esasa göre ikiye ayrıldığıdır:

1) Kanaatlerini bilimsel temele oturtanlar ve bilim gerektirdiği zaman derhal değiştirmeye hazır olanlar.

2) İnançlarını bilim dışı, kontrolü mümkün olmayan söylemlere ve geleneklere dayandırıp, inançlarının temelinin doğru olmadığı ne kadar ispat edilirse edilsin gene de ondan asla vazgeçmeyenler.

Bunlardan birinci tipe belki "bilimsel düşünenler" ikinci tipe de "dogmatik düşünenler" veya "mistikler" diyebiliriz. Bilimsel düşünenlerin kendilerinin bilim insanı olmaları gerekmez. Sadece inandıkları şeylerin gözlemle kontrol edilebilecek ve mantıken tutarlı ifadelerle dile getirilebilecek şeyler olduğu konusunda titiz olmaları beklenir. Bilimsel bir kuram kendisiyle çelişen bir aykırı gözlem tarafından yıkılır ve bilimsel düşünen insan o kuramı terk eder. En sağlam görünen bilimsel kuramlar dahi gözlem ve mantık kontrolünden muaf olamazlar. Newton'un zaman ve mekânı ayrı ayrı mutlaklar olarak kabul eden mekanik kuramı ışığın hızının toplanamaz olması gözlemini ve Merkür'ün perihelionundaki bir anormalliği izah edemeyince ve "aynı anda olmak" (yani simültanelik) kavramının tamamen gözlemciye bağlı olduğunun görülmesinden sonra terk edilmiş, yerine onu yanlışlamış olan Einstein'in görecelilik, eski tabirle izafiyet kuramı gelmiştir. Ancak Einstein'in bizzat kendisi kuramının atom altı dünyada olan süreçleri açıklayamadığı için eksik olduğunu ve gelecekte daha kapsamlı bir kurama yerini terk etmek zorunda kalacağını vurgulamıştır.

Bugün GPS kullanan herkes Einstein'in görecelilik kuramını temel alan bir sistemden yararlanmaktadır. Aklı başında hiç kimse Newton mekaniğinde ısrar edelim demez. Derse elindeki GPS cihazının kendisine bildirdiği noktanının kendisinden aslında 9 km uzakta olduğunu kabul etmek mecburiyetinde kalır ki, bu da GPS'in işe yaramaması demektir.

Temelsiz, yanlış hatta zararlı olduğu kesin olan inançlarda ısrar etmek bazen insanların hayatına mal olabilir. Mesela çok yakın bir zamana kadar Katolik kilisesi annenin yaşamını tehdit ediyor olsa bile hamileliğin bir kürtajla sona erdirilmesini kesinlikle yasaklamıştı. Bu yasak yüzünden yüzlerce yıldır kaç kadının hayatını kaybettiğinin hesabı tutulmamıştır ama sayının çok büyük olması kaçınılmazdır (Barry, 1997). Bu tür "değiştirilemez" inançlara sahip olanlar dogmatik düşünenler sınıfına girerler.

Yukarıda verilen birkaç örnek bile bilimsel düşüncenin bireyin ve toplumun her zaman yararına, dogmatik düşüncenin ise genellikle bireyin ve toplumun aleyhine olduğunu göstermektedir. İşte Atatürk'ün Tevhid-i Tedrisat kanununun temelindeki amaç toplumda bilimsel düşünceyi yaygınlaştırarak iki türlü gerçek olabileceği fikriyle mücadele etmekti. Bu nedenle din eğitimini bile bilimsel bir temele oturtmak amacıyla ilahiyat fakülteleri ve imam-hatip okulları açılmış, tüm ilk ve orta öğretimin dini eğitimi temel alması yasaklanmıştır. Bu yasak sadece Müslüman toplumun eğitim kurumlarını değil, Musevi ve Hıristiyan azınlık ve misyoner okullarını da kapsıyordu. Amaç genç dimağlara gerçeği aramanın tek yolunun bilim olduğunu nakşetmekti. Bu eğitim türü çok kısa zamanda meyvesini vermiş, ilahiyat fakültelerine ve imam-hatip okullarına kaydolan öğrenci sayısındaki dramatik azalma devleti bu okulları kapatmak zorunda bırakmıştır.

Atatürk'ün Hayali: Bilimsel Düşünebilen, Gelişmiş İnsanlar ve Onların Yaratacağı Refah ve Barış Toplumu

Atatürk'ün bilim, din ve eğitim karşısındaki görüşlerini şu üç alıntı en güzel bir şekilde özetlemektedir:

"Eğitimdir ki, bir milleti ya hür, bağımsız, şanlı, yüce bir toplum olarak yaşatır veya bir milleti esaret ve sefalete terk eder." (Samsun, Eylül 1924)

"Efendiler, dünyada her şey için, maddiyat için, maneviyat için, hayat için, muvaffakiyet için, en hakiki mürşit ilimdir, fendir; ilim ve fennin haricinde mürşit aramak gaflettir, cehalettir, dalâlettir. [...] Yalnız ilmin ve fennin yaşadığımız her dakikadaki safhalarının tekâmülünü idrak etmek ve terakkiyatını zamanında takip etmek şarttır. Bin, iki bin, binlerce sene evvelki ilim ve fen ve lisanın çizdiği düsturları şu kadar bin sene sonra bugün aynen tatbikata çalışmak elbette ilim ve fennin içinde bulunmak değildir." (Samsun, Eylül 1924)

Atatürk'ün bu sözlerine paralel olarak ondan on yıl sonra büyük İngiliz matematikçi, mantıkçı ve filozof Bertrand Russell, 3rd Earl Russell, şunları söylemiştir: "Whatever knowledge is attainable, must be attained by scientific methods; and what science cannot discover, mankind cannot know." (=Öğrenilebilecek şeyler bilimsel yöntemlerle öğrenilmelidir; bilimin bulamayacağı bir şeyi insanoğlu bilemez.) (Russell, 1935, s.243.)

Atatürk, bilimin, kendi başarılarında bile ne kadar önemli bir payı olduğunu daha 1922'de Büyük Taarruz'un başarıya ulaşmasının hemen akabinde Bursa'da Şark Tiyatrosu'nda toplanan öğretmenlere hitaben 27 Ekim günü yaptığı konuşmada hiçbir şüpheye yer bırakmayacak bir açıklıkla dile getirmiş ve genç Türk devletinin yönetiminde bilime nasıl önem verileceğini anlatmıştır:

"Hanımlar, beyler,

Memleketimizin en latif, en mâmur, en güzel yerlerini 3,5 sene kirli ayaklarıyla çiğneyen düşmanı mağlup eden zaferin sırrı neredεdir, bilir misiniz? Orduların sevk ve idaresinde ilim ve fen düsturlarını rehber ittihaz etmektedir. Milletimizi yetiştirmek için asıl olan, mekteplerimizin, üniversitelerimizin kurulmasında aynı yolu izleyeceğiz. Evet, milletimizin siyasi, toplumsal hayatında, milletimizin fikri terbiyesinde kılavuzumuz ilim ve fen olacaktır."

On bir yıl sonra bu düşüncesini tekrar etmiştir:

"'Millî kültürümüzü, muasır medeniyet seviyesinin üzerine çıkaracağız' çünkü Türk milletinin elinde ve kafasında tuttuğu meşale, müspet ilimdir." (1933)

Bu ifadelerin temeli Atatürk'ün kafasındaki eğitim temeliydi. Bunu şöyle özetlememiz mümkündür:

Eğitim, *eğitilenin* eğitim sürecine *aktif katılımıyla* gerçekleşmek zorundadır.

Eğitim aktif katılımla birlikte mutlaka her düzeyde *uygulamalı* olacak, öğrenilenin yaşama uygulanıp uygulanamadığı kontrol edilecektir.

Eğitim, mutlaka *eğitimin gerektirdiği ve amaçladığı kalitenin sürekli kontrol edilebileceği bir disiplin* içinde olacaktır.

Eğitim, öğretileni tekrarlama değil, öğretilenden yararlanarak gerçek yaşam durumlarında *problem görme* ve *problem çözme* becerisini kazandırmalıdır.

Bu temel fikirlerin mutlaka araştırmayı, yeniyi keşfetmeyi, bilinmeyeni bilinir, anlaşılamayanı anlaşılır kılmayı amaçladıkları açıktır. Atatürk, 1933 üniversite reformunu hazırlarken Darülfünun eleştirisinde bunu açıkça söylemiştir:

"Darülfünun'un en büyük zaafı, şahsi mülâhaza ve araştırmaya sevk eder tarzda öğretim yok. Ansiklopedik malûmat veriliyor." (1932)

Her türlü dogmatik düşünce toplum yaşamından mümkün olduğu kadar dışlanmalıydı. Bunun nedenini de büyük dâhi hiç inkâr edilemeyecek bir iddia ile daha 1924'te temellendirmiştir:

"Bu çok mühimdir. Bilhassa nazarı dikkatinizi celbederim. Tehdit esasına dayanan ahlak, bir fazilet olmadıktan başka itimada da şayan değildir."

Bilimsel düşünce iknaya dayalıdır: Yani kişi kendi gözlemleri ve mantığı çerçevesinde aklına yatanı, yani kendisini ikna edebileni kabul eder.[1] Dogmatik düşünce ise zorlama ve tehdit olmadan aktarılamaz. Dogmatik emirler bireyin aklına yatmasa da birey onu kabule mecburdur. En meşhur kilise babalarından ve Katolik inancının temellerini atanlar arasında en önemlisi olduğu kabul edilen Hippo'lu Aziz Augustinus'un (354-430) da düşüncelerini etkilemiş olan Quintus Septimius Florens Tertullianus'un (yaklaşık 155-220) İsa'nın öldükten sonra dirilmesi inancı hakkında söylediği söz meşhurdur: "Certum est, quia impossibile" (=kesin doğrudur çünkü imkânsızdır). Bu, daha sonra 18. yüzyıldan itibaren Protestan kiliseleri tarafından "credo quia absurdum" (=inanıyorum çünkü zırvadır) şeklinde özetlenir olmuştur.

İşte burada bilimsel düşünce ve dogmatik düşünce birbirinden ayrılmaktadır. Açık seçik temellerini anlamadan bir şeye inanmak bilimin her şeyine aykırıdır. Günümüzde mesela Marksistler de Marx'ın fikirlerinin tartışmaya açılmasına hoş bakmadıkları için dogmatik düşünce safında addedilmektedirler. Pek çok Marksist devletin sonunda iflas etmiş olması, sadece Çin Halk

1 ABD'de Rochester Üniversitesi astronomi profesörü Adam Frank, bu konuda toplum arasında Türkçede uçan daireler diye bilinen UFO (İnglizce "unidentified flying object") raporlarına olan yaygın inancın temelsizliği hakkında *New York Times* gazetesinde yayımladığı yazısını şu sözlerle bitirmiştir (Frank, 2021): "The work of science, though ultimately exciting, is mostly painstakingly methodical and boring. But that is the price we pay because we don't just want to believe. We want to know." (=Bilimin işi nihayet heyecan verici olmakla beraber, genellikle çok zahmetli bir şekilde metodik ve sıkıcıdır. Fakat sadece inanmak istemediğimiz için ödediğimiz bir fiyattır bu. Biz bilmek istiyoruz.)

Cumhuriyeti'nin -tipik geleneksel bir Çinli tutumuyla- "biz hâlâ Marksistiz" diyerek tamamen kapitalist bir düzene geçmesi yani ortaçağın iki tür gerçek fikrini benimsemiş görünmesi, inançlı Marksistleri bir türlü Marx'ın yanıldığı konusunda ikna edememiştir.

Atatürk dogmatik düşünenler konusunda bakın ne diyor:

"Efendiler ve ey millet,

İyi biliniz ki Türkiye Cumhuriyeti şeyhler, dervişler, müritler, mensuplar memleketi olamaz. En doğru, en hakiki tarikat, tarikat-ı medeniyettir.

Medeniyetin emir ve talep ettiğini yapmak, insan olmak için kâfidir."

Özetle diyor ki, bilimsel düşünceyi sahiplenirseniz, bu insan olmaya yeter. Atatürk din düşmanı değildi. Bizzat kendisi son derece dindar bir annenin çocuğuydu. Karşı olduğu şey, dogmatik, yani kontrol edilmesi mümkün olmayan düşüncelerle bir toplumun yaşamına yön verilmesiydi. Onun için kendi dönemindeki komünizm, nazizm, faşizm gibi rejimleri hiçbir zaman onaylamamıştır. Attilâ İlhan, 28 Mart 2005 tarihli *Cumhuriyet* gazetesinde çıkan yazısında Atatürk'ün genel sekreteri Hasan Rıza Soyak'tan aşağıdakileri nakletmiştir:

"[...] Recep Peker Avrupa'da, bilhassa İtalya ve Almanya'da; o zaman epeyce dedikodulara sebep olan, uzun ve masraflı bir tetkik seyahati yapmıştı; dönüşünde, yakında toplanacak olan 'parti kurultayı'na -ki bu Atatürk'ün hayatında toplanan son kurultaydır- arz edilmek üzere, yeni nizamnâme ile çok uzun, çok teferruatlı bir program hazırlamıştı. Bunlar, partinin genel başkanvekili -fiilî başkan ve başbakan- İsmet İnönü tarafından da kabul ve imza edilerek partinin genel başkanı Atatürk'e takdim edilmek üzere, bana tevdi olunmuştu [...]

[...] bir akşamüstü elime geçen bu evrâkı, acele ile, biraz karıştırdıktan sonra, Atatürk'e götürdüm; kısaca neye dair olduklarını, bana bizzat başbakan tarafından verildiğini arz ettim; misafirleriyle beraber, sofraya oturmak üzereydi: '- [...] kütüphanede masamın üstüne bırak sonra okurum' buyurdu, emrini yerine getirerek köşkten ayrıldım...

[...] ertesi sabah (...) derhal giyinip köşke gittim, yatak odasında idi; banyodan yeni çıkmış, sırtında bornoz, günlük gazeteleri gözden geçiriyordu; üzerinde, ilk bakışta sezilen, bir sinirlilik hâli vardı; beni görünce azarlar gibi sordu: '- [...] bu zorbalar kimlerdir, onları kim seçecektir?' Şaşırmıştım, kekeledim: '- [...] hangi zorbalar Paşam?', daha sert ve yüksek sesle, '- Efendim sen, dün akşam üstü bana getirdiğin kâğıtları okumadın mı?' '- [...] biraz okumuştum Paşam!'

'[...] hah işte orada bahsedilen, bütün kuvvetleri nefsinde toplayıp tek partiyi, tabiî dolayısıyla devleti ve memleketi kendi başlarına idâre edecek olan 'Yüksek Meclis' âzâsını [...] diyorum; onları kim seçecek? Bu zorbalar heyeti, kuvvet ve selâhiyetlerini kimden ve nasıl alacak? Hayret! Hayret-i uzmâ! Bu ne sakat düşüncedir, bu nasıl zihniyettir; görülüyor ki, varmak istediğimiz hedef, henüz en yakın arkadaşlar tarafından bile, zerre kadar anlaşılmış değildir [...]'"

Burada Atatürk çok açık olarak varmak istediği hedefin kendi iradesiyle kendini yönetecekleri seçebilecek kadar bilimsel düşünebilen, dogmaların esiri olmayan bir millet yaratmak olduğunu ancak bunu en yakın arkadaşlarının bile anlayamadığını söylüyor. Zaten Türkiye'nin trajedisi onun ölümünden sonra ülkenin yönetiminin onun hedeflerini bir türlü anlayamamış olanların eline geçmesi olmuştur. Onu en iyi anlayan Hasan Âli Yücel bile sonunda onu anlayamayanlar tarafından Milli Eğitim Bakanlığı'ndan alınmış yerine Atatürk'ün hayallerinin tam tersini yapacak olanlar iktidara getirilmiştir.

Sonuç

Tevhid-i Tedrisat Kanunu, birilerinin iddia ettiği gibi din düşmanı bir kanun değildi. O kanunun toplum bilincine yerleştirmeyi amaçladığı şey, eleştirel bir bakış tarzı olan bilimsel düşünce, toplum yaşamından uzaklaştırmayı hedeflediği şey ise kontrolü mümkün olmayan dogmatik düşüncelerdi. Kanunu yapan, birincinin toplumu ileri götüreceğini, refahı arttıracağını düşünmekteydi; ikincinin ise toplumu duraksamaya, fakirliğe ve hatta esarete mahkûm edeceği kanaatindeydi. O bu sözleri dile getirdikten hemen birkaç yıl sonra İkinci Dünya Savaşı sonunda, Hitler'in bin yıl yaşayacağını iddia ettiği Nazi Almanyası ve Mussolini'nin Faşist İtalya'sı harap olmuş, halkları yabancı güçlerin işgali altında fakirliğe hatta açlığa maruz kalmışlar, Komünist Rusya ise savaştan Batılı kapitalist ülkelerin muazzam desteği sayesinde galip çıktığı halde giderek fakirleşerek nihayet 1980'li yılların sonunda iflas etmiştir. Maalesef kendi ülkemiz de dahil, Müslüman dünyasının içinde bulunduğu feci durumu her gün gazete ve televizyonlarımızda seyrediyoruz.

Batı ülkeleri adı altında toplanan ülkelerde dogmatik düşüncenin ne yazık ki giderek yaygınlaşması, oralarda da politik duyarsızlığın giderek artmasına, halkın bölünmesine, fakirliğin yayılmasına neden olmaktadır. Postmodernizm denilen akıl düşmanı söylem Batı'da bilhassa üniversiteleri son derece kötü etkilemektedir. Postmodernizm ile yayılan rölativizm, yani herkese göre gerçeğin başka olabileceği fikri (bkz. Mandelbaum, 1938; Boghossian, 2006), mesela matematiğin bile bir beyaz üstünlüğü silahı olduğu, zencilerden matematikte kesin sonuç beklenmemesi, yanlış problem çözümlerine de, doğru çözüme yakın oldukları takdirde tam not verilmesi gibi akıl dışı isteklerin ortaya çıkmasına neden olmuştur (bkz. Rubel ve McClosky, 2019 ve orada atıf yapılan literatür). Türkiye'de de son yıllarda artan ve hiçbir bilimsel temeli olmayan "Osmanlı methiyeleri" diyebileceğimiz bir "alternatif tarih" üretilmeye başlamıştır. Bu tür akıl dışı düşüncelere karşı tüm dünyada ciddi ve güvenilir bilim insanları giderek artan sayılarda tepki göstermekte, yayınlar yapmaktadırlar (ör. Gross ve diğerleri, 1996; Lefkowitz, 1996; Lefkowitz ve Rogers, 1996; Windschuttle, 1996; Evans, 1997; Gross ve Levitt, 1998; Koertge, 1998). Türkiye'de de İlber Ortaylı, Salih Özbaran gibi ciddi tarihçiler, üretilen alternatif tarihin ne kadar temelsiz, saçma ve zararlı olduğunu muhtelif vesilelerle yazdıkları yazı ve yayımladıkları kitaplarda belirtmişlerdir (ör. Ortaylı'nın düşünceleri için kısa bir kaynak: https://www.hurriyet.com.tr/yazarlar/ilber-ortayli/yakin-tarih-egitimi-mufredata-girmeli-mi-40342919; Özbaran, 2015, 2017). Ancak "zırvaya inanmak" bilimin dediklerini kontrol etmekten çok daha kolaydır. Bu nedenle dogmatik düşünce, insanlık tarihi boyunca her zaman bilimsel düşünceden daha yaygın olmuştur ve politikacılar tarafından desteklenmiştir (20. yüzyılda gelişen ve "her türlü zırvaya saygı" diye betimleyebileceğim bu eğilimin kökleri için bkz. Henry, 1994; Burrow, 2000). Henry (1994, s.4) üniversitedeki bu akıl ve bilgi düşmanlığını şu sözlerle dile getirmiştir:

"Universities, [...] entrusted with the curatorship of our heritage [...] have caved in almost entirely to the rigorous dogma of what might be termed 'special pleading studies.' These purportedly scholarly undertakings are really intended to redress historic grievances, sometimes by willfully misunderstanding and reinventing the past [...]" (=kültürel mirasımızı emanet ettiğimiz ... üniversitelerimiz "özel savunma öğretileri" denebilecek güçlü dogmalara karşı tamamen havlu atmışlardır. Bu sözüm ona bilimsel teşebbüsler aslında tarihsel yakınmaları, bazen geçmişi kasıtlı olarak anlamamak veya çarpıtmak ve onu baştan icat etmekten ibarettir.)

Atatürk bu tür, insan uygarlığını tehlikeye atacak düşüncelerle mücadeleyi, çok zor olacağını bildiği halde hedef yapmış çok nadir toplum yöneticilerindendi (bu konuda bilhassa bkz. Akurgal, 1956). Bu yüzden de, yukarıda Hasan Rıza Soyak'tan nakledilen anekdottaki gibi tüm parti arkadaşlarının onayladığı bir teklifi sadece kendi kişisel otoritesini kullanarak reddettirmesinde görülen, zorba olmadan diktatör olma mecburiyeti vardı (Şengör, 2014).

Lozan Barış Antlaşması Türkiye'de yaşayan insanları kulluktan çıkarıp, bağımsız, hür, eleştirel düşünebilen, kendi yaşamları hakkında kendileri karar verebilen müreffeh ve mutlu kişiler haline getirmek için Atatürk'ün kullandığı bir sıçrama tahtası, Tevhid-i Tedrisat Kanunu da bu tahtadan sıçrayan toplumun üstüne konduğu ve onu kurtuluşa, refaha, mutluluğa götürecek olan raylardı.

Katkı Belirtme

Bülent Özükan ve Mısra Erkaya bıkıp usanmadan bu yazının yazılması ısrarlarını sürdürmeselerdi, büyük bir ihtimalle ben bunu başka işlerimin ağırlığı nedeniyle, yazmayacaktım. Dolayısıyla, ısrarları nedeniyle kendilerine teşekkür borçluyum. İlber Ortaylı ve Salih Özbaran Türkiye'de giderek artan bir virüs gibi gelişen "alternatif tarih" konusunda beni aydınlatmışlardır. Bu konuda ayrıca Murat Bardakçı'ya da teşekkür borçluyum.

Bu Bölümde Atıf Yapılan Kaynaklar

Adıvar, A. A., 1982, *Osmanlı Türklerinde İlim*: geliştirilmiş 4. basımı hazırlayan Aykut Kazancıgil ve Sevim Tekeli: Remzi Kitabevi, İstanbul, 243 s.

Akbulut, U., 2003, *Tanzimattan Cumhuriyete Eğitim*: Türkiye Bilimler Akademisi, Akademi Forumu 19, Ankara, 51 s.

Akder, N., 1976, *Bilim Dâvâsı ve Örf Korkusu*: Ayyıldız Matbaası, Ankara, 36 s.

Akurgal, E., 1956, Tarih İlmi ve Atatürk[1]: *Belleten*, c. 20, sayı 80, s.571-584. (Bu konuda bilhassa bkz. Akurgal, 1956.)

Akyüz, Y., 1989, *Türk Eğitim Tarihi (Başlangıçtan 1988'e)*: genişletilmiş 3. basım, Ankara Üniversitesi Eğitim Bilimleri Fakültesi Yayınları, No. 160, [XI]+543 s.+3 s. Belgeler +1 katlanır harita.

Anonim, 1999, *Cumhuriyetin İlk Yıllarında Eğitimden İzler (1923-1930)*: T.C. Millî Eğitim Bakanlığı Eğitim Teknolojileri Genel Müdürlüğü, Ankara, IX+268 + [X] s.

Aras, N. K., Dölen, E. ve Bahadır, O., derleyenler, 2007, *Türkiye'de Üniversite Anlayışının Gelişimi (1861-1961)*: Türkiye Bilimler Akademisi Yayınları sıra no. 15, 556 s.

Atuf, N., 1931, *Türkiye Maarif Tarihi (Bir Deneme)*: Muallim Ahmet Halit Kitaphanesi, [İstanbul], 174+[I] s.

Atuf, N., 1932, *Türkiye Maarif Tarihi (Bir Deneme)*, ikinci kitap: yayıncı belirtilmemiş, İstanbul, 135+[I] s.

---

1 Bu yazı şurada tekrar basılmıştır: Akurgal, E., 1998, *Türkiye'nin Kültür Sorunları*: Bilgi Yayınevi, Ankara, s.67-79.

Baltacı, C., 1976, *XV.-XVI. Asırlar Osmanlı Medreseleri-Teşkilât, Tarih*: İrfan Matbaası, İstanbul, XXXVIII+720 s.
Barry, R., 1997, The Roman Catholic position on abortion: *Advances in Bioethics*, cilt 2, s.151-182.
Betzendörfer, W., 1919, *Die Lehre von Zweifachen Wahrheit bei Petrus Pompanatius*: Dissertation für Philosophische Doktorwürde, G. Schnürlen, Tübingen, 98 s.
Betzendörfer, W., 1924, *Die Lehre von der zweifachen Wahrheit. Ihr erstmaliges Auftreten im christlichen Abendland und ihre Quellen*: Osiander, Tübingen, 67 s.
Bilge, M., 1984, *İlk Osmanlı Medreseleri*: İstanbul Üniversitesi Edebiyat Fakültesi Yayınları No. 3101, İstanbul, XVI+326 s.
Boghossian, P. A., 2006, *Fear of Knowledge-Against Relativism and Constructivism*: Oxford University Press, Oxford, viii+139 s.
Burrow, J. W., *The Crisis of Reason-European Thought, 1848-1914*: Oxford University Press, Oxford, xvi+271 s.
Coyne, G. V., Heller, M. ve Zycinski, J., yayıma hazırlayanlar, 1985, *The Galileo Affair: A Meeting of Faith and Science, Proceedings of the Cracow Conference 24 to 27 May 1984*: Specola Vaticana, Citta del Vaticano, 179 s.
Çaksu, A., editor, 2001, *International Congress on Learning and Education in the Ottoman World İstanbul, 12,15 April 1999 Proceedings*: Research Centre for Islamic History, Art and Culture IRCICA- İstanbul.
Çığıraçan, İ. H. (Tüccarzâde), [H. 1329 = 1911] 2000, *Maarifimiz ve Servet-i İlmiyemiz*, yayıma hazırlayan Melek Dosay Gökdoğan: T.C. Kültür Bakanlığı, Kültür Eserleri Dizisi 278, XVII+102 s.
Çınar, İ. ve Şahbaz, N. K., derleyenler, 2008a, *Türkiye Cumhuriyeti'nin Kuruluşunun 100'üncü Yılında Eğitim Kurultayı-Cumhuriyetimizin Kuruluş Felsefesinin Öngördüğü Eğitim-Bildiriler*: İnönü Üniversitesi, Malatya, IV+616 s.+1 fotoğraf levhası.
Çınar, İ. ve Şahbaz, N. K., derleyenler, 2008b, *Türkiye Cumhuriyeti'nin Kuruluşunun 100'üncü Yılında Eğitim Kurultayı-Cumhuriyetimizin Kuruluş Felsefesinin Öngördüğü Eğitim-Sonuç Raporu*: İnönü Üniversitesi, Malatya, iii+96 s.
Duru, K. N. 1938, *Kemalist Rejimde Öğretim ve Eğitim*: Ankara Kütüphanesi, Kanaat Yayınları, İstanbul, 158+[I] s.

Ergin, O. N., 1939, *İstanbul Mektepleri ve İlim Terbiye ve San'at Müesseseleri Dolayısile Türkiye Maarif Tarihi, Birinci Kısım:* Osmanbey Matbaası, İstanbul, [VIII]+260+IV s.

Ergin, O. N., 1940, *İstanbul Mektepleri ve İlim Terbiye ve San'at Müesseseleri Dolayısile Türkiye Maarif Tarihi, cilt 2:* Osmanbey Matbaası, İstanbul, s. 261-676+[IV] s.

Ergin, O. N., 1941, *İstanbul Mektepleri ve İlim Terbiye ve San'at Müesseseleri Dolayısile Türkiye Maarif Tarihi, cilt 3:* Osmanbey Matbaası, İstanbul, s. 677-1052+[III] s.

Ergin, O. N., 1942, *İstanbul Mektepleri ve İlim Terbiye ve San'at Müesseseleri Dolayısile Türkiye Maarif Tarihi, cilt 4:* Osmanbey Matbaası, İstanbul, s. 1053-1320+[IV] s.

Ergin, O. N., 1943, *İstanbul Mektepleri ve İlim Terbiye ve San'at Müesseseleri Dolayısile Türkiye Maarif Tarihi, cilt 5:* Osmanbey Matbaası, İstanbul, s. 1321-1832.

Ezgi, C., 1997a, *Osmanlı Medreselerinde İlim Cilt 1 Riyazî İlimler*: İz Yayıncılık, İstanbul, 471 s.

Ezgi, C., 1997b, *Osmanlı Medreselerinde İlim Cilt 2 Tabiî İlimler*: İz Yayıncılık, İstanbul, 350 s.

Evans, R. J., 1997, *In Defence of History*: Granta, Londra, vii+307 s.

Frank, A., 2021, I'm a Physicist Who Searches for Aliens. U.F.O.s Don't Impress Me: *New York Times*, 30 Mayıs 2021. https://www.nytimes.com/2021/05/30/opinion/ufo-sightings-report.html?smid=em-share

Gould, S. J., 1997, Nonoverlapping Magisteria: *Natural History,* c.106, s.16-22 ve 60-62.

Gould, S. J., 1999, *Rocks of Ages : Science and Religion in the Fullness of Life*: Ballantine Pub. Group, New York , viii, 241 s.

Gross, P. R. ve Levitt, N., 1998, *Higher Superstition-The Academic Left and its Quarrels with Science*: Johns Hopkins University Press, Baltimore ve Londra, xiv+328 s.

Gross, P. R., Levitt, N. ve Lewis, M. W., editors, 1996, *The Flight from Science and Reason*: The New York Academy of Sciences, New York; dağıtım Johns Hopkins University Press, Baltimore ve Londra, xi+593 s.

Gürüz, K., 2008, *Yirmi Birinci Yüzyılın Başında Türk Milli Eğitim Sistemi: Tarihsel Perspektif, Uluslararası Karşılaştırmalar, Temel So-*

runlar ve Çözüm Önerileri: İş Bankası Kültür Yayınları, İstanbul, XXXVI+474 s.

Gürüz, K., 2016, *Medrese ve Üniversite: Geri Kalmanın ve İlerlemenin Karşılaştırmalı Tarihçesi*: Ka Kitap, İstanbul, 360 s.

Haering, T., 1886, *Die Theologie und der Vorwurf der "doppelten Wahrheit"*: Rede zum Antritt des akademischen Lehramts an der Universität Zürich: Höhr, Zürich, 31 s.

Harthun, K., 2017, *Doppelte Wahreheit-Roman* über *den Beginn der Wissenschaft*: epub, Berlin, 494 s.

Heim, K., 1918, Zur Geschichte des Satzes von der doppelten Wahrheit: şurada: *Studien zur Systematischen Theologie. Theodor von Haering zum Siebzigsten Geburtstag (22 April 1918) von Fachgenossen Dargebracht*, Mohr, Tübingen, s.1-16.

Henry, W.A., III, 1994, *In Defense of Elitism*: Doubleday, New York, viii + [i] + 212 s.

Hirsch, E. E., 1988a, *Dünya Üniversiteleri ve Türkiye'de Üniversitelerin Gelişmesi*, cilt 1, 2. basım: Ankara Üniversitesi Yayınları No. 211, Ankara, 669 s.

Hirsch, E. E., 1988b, *Dünya Üniversiteleri ve Türkiye'de Üniversitelerin Gelişmesi*, cilt 2, 2. basım: Ankara Üniversitesi Yayınları No. 211, Ankara, s. 673-1480.

Ketin, İ., 1981, *Yeryuvarın-Dünyamızın Jeolojik Evrimi İçinde Türkiye'nin Yeri ve Doğal Kaynak Olanakları-1981 Yılı Bilim Ödülü Alan Prof. Dr. İhsan Ketin'in Yaptığı Konuşma*[1]: Türkiye Bilimsel ve Teknik Araştırma Kurumu, Ankara, 12 s.+25 şekil

Koçer, H. A., 1987, *Türkiye'de Modern Eğitimin Doğuşu*: Uzman Yayınları 1, Ankara, V+272 s.

Kodaman, B., 1991, *Abdülhamid Devri Eğitim Sistemi*: Atatürk Kültür, Dil ve Tarih Yüksek Kurumu, Türk Tarih Kurumu Yayınları VII. Dizi - Sa. 94[1], XIV+181 s.+3 numaralanmamış fotoğraf levhası.

Koertge, N., editör, 1988, *A House Built on Sand-Exposing Postmodernist Myths About Science:* Oxford University Press, Oxford, xi+322 s.

Lefkowitz, M., 1996, *Not Out of Africa-How Afrocentricism became an Excuse to Teach Myth as History*: Basic Books, A Division of HarperCollins Publishers, New York, xvii+222 s.

1 Türkiye Bilimsel ve Teknik Araştırma Kurumu, bu konuşmayı, bir şekilleriyle birlikte, bir de şekilsiz olarak basmıştır. Okuyucularıma şekilli olanı öneririm.

Lefkowitz, M. R. ve Rogers, G. M. eds., 1996, *Black Athena Revisited*: Chapel Hill, Londra, xxi+522 s.

Mandelbaum, M., 1938, *The Problem of Historical Knowledge - An Answer to Relativism*: Liveright, New York, x + 340 s.

Nuhoğlu, H. Y., derleyen, 2001, *Osmanlı Dünyasında Bilim ve Eğitim Milletlerarası Kongresi Tebliğleri, İstanbul 12-15 Nisan 1999*: İslâm Tarih, Sanat ve Kültür Araştırma Merkezi IRCICA, Osmanlı Tarihi Kaynak ve İncelemeleri Dizi Seri No 7, İstanbul, XXVII+761 s.

Özalp, R., 1982, *Milli Eğitimle İlgili Mevzuat (1857-1923)*: Devlet Kitapları, Milli Eğitim Basımevi, Ankara, XX+812 s.

Özata, M., 2007, *Atatürk, Bilim ve Üniversite*: TÜBİTAK Kitapları, Bilgi Dizisi 3, TÜBİTAK Bilim ve Kültür Kitapları, Ankara, VIII+240 s.

Özbaran, S., 2015, *Tarih, Tarihçi ve Toplum-Tarihin Çağrışımı, Doğası, Tarihçilik ve Tarih Öğretimi Üstüne Düşünceler*: Yakın Kitabevi, İzmir, 224 s.

Özbaran, S., 2017, *Tarihçilik Zor Zanaat*: Tarihçi Kitabevi, İstanbul, 208 s.

Rubel, L. ve McClosky, A. V., 2019, The "Soft Bigotry of Low Expectations" and Its Role in Maintaining White Supremacy through Mathematics Education: *Bank Street Occasional Paper Series*, Article 10, s.113-127.

Russell, B. A. W. (3rd Earl Russell), 1935, *Religion and Science*: H. Holt, New York ve T. Butterworth, Londra, 256 s.

Russell, B. A. W. (3rd Earl Russell), 1945, *A History of Western Philosophy and its Connection with Political and Social Circumstances from the Earliest Times to the Present Day*: Simon & Schuster, New York, xxiii+895 s.

Sakaoğlu, N., 1991, *Osmanlı Eğitim Tarihi*: İletişim Yayınları, Cep Üniversitesi, İstanbul, 152 s.

Sakaoğlu, N., 1992, *Cumhuriyet Dönemi Eğitim Tarihi*: İletişim Yayınları, Cep Üniversitesi, İstanbul, 151 s.

Sakaoğlu, N., 2003, *Osmanlı'dan Günümüze Eğitim Tarihi*: İstanbul Bilgi Üniversitesi Yayınları 33, Eğitim 2, İstanbul, 402 s.

Stone, F. A., 1971, *Çağdaş Türk Eğitim Düşüncesine Bibliyografik Giriş-Modern Turkish Educational Thought A Bibliographic Introduction*: Hacettepe Üniversitesi Yayınları, No. D-12, 51 s.

Süzgün (Gezgin), Z., derleyen, 1972, *Atatürk Önderliğinde Kültür Devrimi-Kalkınma İçin Bölgesel İşbirliği (RCD) Semineri Tebliğleri (9-11 Kasım 1967)*: Türk İnkılap Tarihi Enstitüsü Yayınları No. 12, Ankara, VI+141 s.

Şengör, A. M. C., 2014, *Dâhi Diktatör*: 8. Basım, İnkılâp Kitabevi, İstanbul, 135 s.

Unat, F. R., 1964, *Türkiye Eğitim Sisteminin Gelişmesine Tarihî Bir Bakış*: Millî Eğitim Basımevi, Ankara, XI+200 s.+ numaralanmamış 31 fotoğraf levhası.

Ünal, U., 2008, *Meclis-i Kebîr-î Maârif 1869-1922*: Atatürk Kültür, Dil ve Tarih Yüksek Kurumu, Türk Tarih Kurumu Yayınları VII. Dizi - Sayı 233, X+165 s.

Windschuttle, K., 1996, *The Killing of History-How Literary Critics and Social Theorists Are Murdering Our Past*: The Free Press, New York, [I]+298 s.

IX

Rusya-Ukrayna Savaşının Stephen Norton'u Kim?

Patlak vermiş olan Rusya-Ukrayna savaşı hiç kuşkusuz zamanımızın en korkunç, en üzücü olaylarından biridir ve hele uygar Avrupa'ya hiç yakışmayan bir gelişmedir. Fiziki kavga, akılcı iletişimin bittiği yani bizi insan yapan özelliğin yitirildiği noktada başlayan şeydir. Peki Rusya ve Ukrayna'yı bu müessif çatışmaya iten nedir? Kimine göre Rusya Başkanı Bay Vladimir Putin'in Rus İmparatorluğu'nu canlandırma hevesi kimine göre de Ukrayna'nın yöneticilerinin kendilerine bir Rus karşıtı şemsiye aramalarıdır. Kısacası, ortada bir cinayet vardır ve bir cinayetin iki tarafı olur: Katil ve katledilen. Peki durum bu kadar basit midir? Sevgili okuyucularımıza bunun cevabını Dame Agatha Christie'nin ölümünden hemen önce yayımlanan son romanı *Curtain: Poirot's Last Case*'de (*Perde: Poirot'nun Son İşi*) aramalarını öneririm.

Dame Agatha, bu son romanında bir otelde işlenen beş cinayeti ele alıyor. Cinayetler birbirinden ilişkisiz gibi görünmekle beraber Poirot hepsinin ortak bir yönünü keşfetmekte gecikmiyor. Cinayetleri işleyen ve ölen belli olduğu halde kimsenin fark etmediği başka bir faktör daha vardır: Stephen Norton isimli, kır saçlı, sakin görünümlü, dürbünüyle kuşları izleyen bir müşteri, psikolojik ikna yöntemleriyle, aslında bu cinayetleri işleten kişidir. Bu iyi niyetli, efendi adamın böyle bir şey yapabileceği kimsenin aklından bile geçmemiştir. Poirot bu adamı yasal yollarla durdurmanın, yeni cinayetlerin önüne geçmenin imkânsız olduğunu görür ve kendisi de ölümcül bir hastalığın pençesinde olduğundan, adamı bizzat öldürmeye karar verir. Bunu yaptıktan sonra yakın dostu Yüzbaşı Hastings'e durumu anlatan bir mektup bırakır ve olayın hemen arkasından vefat eder.

Romanın Rusya-Ukrayna çatışmasına benzerliği, "öldürmeye yeltenen ve ölmek üzere olan belli olduğu halde, tarafları karşılıklı silahlı mücadeleye iteleyen kimdir" sorusunun cevabıdır. Sovyetler Birliği çöktükten sonra ABD, NATO'yu kullanarak tamamen Rusofob, yani Rus düşmanı bir politika izleyip Rusya'yı batıdan NATO ile doğudan da Taliban ve benzeri Müslüman hareketleriyle kuşatma altına almaya çalışmaktadır. Eski Demir Perde ülkelerini derhal NATO üyesi yapmakla kalmayıp, SSCB'den ayrılan Baltık ülkelerini de hemen NATO şemsiyesi altına almıştır. SSCB 1962 senesinde Küba'ya füze sistemleri yerleştirmeye kalktığı zaman Başkan John F. Kennedy, Rusya'yı nükleer savaşla tehdit etmiş, büyük İngiliz matematikçi ve filozof Lord Bertrand Russell'dan yaptığının insanlık düşmanlığı olduğunu, tüm dünyayı tehdit ettiğini söyleyen sert bir telgraf almıştı. Halbuki o dönemde İstanbul yakınlarında, Alemdağ'da Amerikan roketleri yerleştirilmişti bile. Yani SSCB'nin yaptığı ABD'nin yaptığına bir karşılık vermekten ibaretti. Lord Russell o zamanki SSCB Politbüro Başkanı Kruşçov'a da bir telgraf yollayarak Amerikan kışkırtmalarına cevap verilmemesinin insanlığın geleceği açısından önemini vurgulamıştı. Lord Russell bir telgrafı da zamanın Birleşmiş Milletler Genel Sekreteri U Thant'a yollayarak ABD'nin kınanmasını tavsiye etmişti. Sorun, Rusların son derece akılcı bir davranış sonucu geri adım atmalarıyla o zaman çözülmüştü.

Ancak 1990'ların başında, Sovyetler Birliği'nin çözülme sürecinde ve hem öncesinde hem de sonrasında, ABD'nin muhtelif nedenlerle dünyanın çeşitli noktalarında başlattığı uluslararası tecavüz hareketleri durmadı; Viet-Nam'da gene Kennedy'nin emriyle artan Amerikan bombardımanı sonucu 30.000 ile 182.000 sivil öldürülmüştür. ABD, Afganistan'da tüm dünyanın başına bela olan Taliban'ı yarattı ve bu ülkeyi ancak ilkçağda görülen bir cehalet ve sefaletin içine itti. Sonra artık herkesin yalan olduğunu öğrendiği sözde istihbarat ile Irak'ı işgal etti, pek çok günahsız insanın ölmesi, yersiz yurtsuz kalması yanında insanlığın en eski kültür öğelerinin korunduğu müzelerin tahrip olmasına, yağmalanmasına yol açtı. Suriye'de PKK uzantısı örgütlerle işbirliği yaparak bizim güney sınırımızı duraysızlaştırdı. Arkasından NATO'nun Rus sınırlarına kadar genişlemesini sağladı ve Ukrayna'da Rus yanlısı iktidarın devrilmesi için hem maddi hem de politik eğitim yardımı sundu. NATO üyesi olduğumuz halde, Kıbrıs'ta öldürülen Türkleri dörtlü garanti antlaşması (Treaty of Guarantee veya Treaty of Nicosia, 1960) çerçevesinde korumaya kalktığımız zaman bize ambargo uyguladı. Şimdi de bir NATO üyesi olduğumuz halde bize vermediği silahların yerine konulabilecek Rus yapımı S-400 füzelerini aldığımız için, parasını ödediğimiz savaş uçaklarını bize vermiyor, daha da fazla yaptırım uygulamaktan bahsediyor ve bir yandan da durmadan stratejik dostluğumuzdan dem vuruyor. İnsanın sorası geliyor: Yahu, hani düşmanımız olaydın ne yapacaktın? (Aslında ne yapmak istediğini FETÖ olaylarıyla gösterdi. Ordumuzu hallaç pamuğu gibi atan o organizasyonun göstermelik başı hâlâ ABD korumasındadır, unutmayalım!)

Evet artık müessif bir Ukrayna-Rusya savaşı patlak vermiştir ve günahsız insanlar ölmekte, tıpkı Irak'ta olduğu gibi belki kültürel miraslar yok olmaktadır. Savaşın Rusya ve Ukrayna olarak iki tarafı vardır. Ama aradaki Stephen Norton'u görmezden gelmek sorunun asla çözülememesine neden olur. Amerikan Başkanı Bay Biden, daha dün, Ukrayna'yı açık kollarla NATO'ya kabul edeceklerini söylemiştir. Bu şu demektir: Savaşa devam et! Bunu uygar bir insanın söyleyebileceğini düşünmek bile insanın tüylerini diken diken ediyor. Keşke Bay Jens Stoltenberg ateşe körükle gitmek yerine durumu sakinleştirecek, ya Rusya'yı da NATO'ya kabul edecek ya da Rusya sınırlarında tek bir NATO ülkesi olmayacağına garanti verebilecek bir söylem geliştirse. NATO'nun başı kendisidir, Bay Biden değil, bunu unutmasın.

X

Amerika'nın Bitmeyen Savaş Kışkırtıcılığı

Almanya Şansölyesi Bay Schultz "NATO'yu gerilimden uzak tutmak önceliğim" demiş. Nihayet Amerika'nın bitmek bilmeyen savaş kışkırtıcılığına Avrupa'dan aklı başında bir cevap. Biden ve hempası, artık Rusya'ya karşı fiilen savaşa girmiş durumdadır ve bu bir aptalın kapağı açık bir barut fıçısının üzerine oturup yanan meşalelerle jongörlük oynamasına benzemektedir. Biden yönetimi, bir dünya savaşı çıkartıp bir kalemde Rusya ve Çin'i bertaraf etmeyi hayal ediyor. Bunun için Ukrayna'yı yıllardır hazırlamakla meşgullerdi. Bunun ne kadar aptalca olduğunu anlamak için köşeye sıkıştırılan bir kedinin neler yapabileceğini düşünmek yeter. Bu da insanlığın sonu olabilir. Ama böyle bir aptallık, Amerikan yönetimlerinin ilk defa teşebbüs ettikleri bir şey değil. İkinci Dünya Savaşı'ndan bu yana dünyada nerede kan döküldüyse orada fiştekçi olarak Amerika'nın parmağı vardır. Avrupa'nın bu oyuna gelmemesi lazım yoksa, İkinci Dünya Savaşı'nın başlangıcına benzer bir durumla karşı karşıya kalır, tüm dünyanın mahvına sebep olabiliriz. Amerika 1962 Küba krizi esnasında neredeyse dünyayı bir nükleer savaşın içine atacaktı. Neyse ki Kruşçev aklıselim sahibi bir liderdi, buna imkân vermedi. Bu konuda büyük İngiliz matematikçi ve filozofu 3. Russell Earl Bertrand Russell'ın Kennedy ve Kruşçov'a gönderdiği telgrafları tercüme ederek orijinalleri ile birlikte buraya alıyorum:

Kennedy'e:

"Your action desperate. Threat to human survival. No conceivable justification. Civilized man condemns it. We will not have mass murder. Ultimatums mean war [...] End this madness."

(Yaptıklarınız sonu olmayacak bir fevriliktir. İnsan yaşamı için tehdittir. Mantıklı bir gerekçe yok. Uygar insan yaptığınızı kınıyor. Toplu cinayete izin verilemez. Ültimatomlar savaş demektir... Bu çılgınlığa bir son verin.)

Kruşçev'e:

"I appeal to you not to be provoked by the unjustifiable action of the United States in Cuba. The world will support caution. Urge condemnation to be sought through the United Nations. Precipitous action could mean annihilation for mankind!"

(ABD'nin Küba'daki haksız eylemiyle tahrik olmamanızı rica ederim. Dünya dikkatli davranışı destekleyecektir. Yapılanın Birleşmiş Milletler aracılığıyla lanetlenmesi çağrısında bulunun. Fevri eylem insanlık için yok olmak anlamına gelebilir!)

Tam altmış yıl sonra dünya Amerika Birleşik Devletleri tarafından benzer bir felaketin içine sürüklenmek istenmektedir. Elbette bu Putin'in yaptıklarının onaylanması anlamına gelmez. Ama Putin'i onaylamamak, Biden'ı onaylamak demek değildir. Schultz'un tutumu herkese örnek olmalıdır.

XI

Amerikan Dış Politikası ve NATO

24 Mayıs 2022'de Teksas'ta meydana gelen felaket, bana Amerika'nın dış politikasını hatırlattı: Özgürlük dağıtacağım diye dost-düşman insanların yaşam haklarına saldıran bir ülke! Silah taşıma özgürlüğünü savunacağım diye her yıl onlarca masum insanın katline rıza göstermek herhalde akıllıca bir tutum değildir. Türkiye, kendisine gösterilen düşmanca tavır nedeniyle İsveç ve Finlandiya'nın NATO üyeliğine karşı çıkarım diyor. Haksız değil ama o ülkeler uğruna da, dünyamızın emniyeti açısından da, onların NATO üyeliğine karşı çıkılmalı.

Kendi ülkemizden örnekler verebiliriz: Türkiye 18 Şubat 1952'de o zamanki Stalinist Sovyet tehdidi nedeniyle NATO'ya katılmıştır. NATO'ya katılım ordumuzun modernleşmesi için son derece yararlı olmuştur 50'li yıllarda. Türkiye o sayede bir nebze daha Batı'ya açılmıştır. Ancak NATO üyeliği iki olumsuzluğu da beraberinde getirmiştir: Birincisi, İkinci Dünya Savaşı'ndan sonra Avrupa'yı da etkisi altına alan Amerikan yaşam tarzı hayranlığıdır. Coca-Cola, fast-food, rock-and-roll, lüks otomobiller yaşam tarzımıza girmiş, kitabın yerini giderek televizyon almış, insanımız yüzeyselleşmiş, harcama delisi olmuştur. İkinci olumsuzluk ülkemizin bağımsızlığını kaybedişidir. Bunun en çarpıcı örneklerini son zamanlarda yaşamaktayız: NATO üyesi Türkiye, bir uluslararası antlaşmadan doğan hakkını Kıbrıs'ta kullandığı için NATO'nun "patronu" ABD tarafından cezalandırılmış, ambargo altına alınmıştır. Diğer pek çok NATO ülkesinde bulunan bazı silahları satın almak istediği halde bunlar kendisine satılmamış, bunların yerine ABD dışında bir kaynaktan silah edinme teşebbüsü sonucu, parasını bile ödediği uçaklar kendisine verilmemiş, hatta Türkiye bu uçakların, entelektüel olarak katkı yaptığı üretim programından dışlanmış, gene yaptırımlarla tehdit edilmiştir. ABD, 1980'li yıllardan beri on binlerce vatandaşımızın ölümüne sebep olan terör örgütlerine açık destek vermekten çekinmemiş, bir taraftan onlara "terör örgütü" deyip sözüm ona Türkiye'nin sırtını sıvazlarken, diğer taraftan terör örgütü dediği grupları stratejik ortağı yapmıştır. Türkiye bir NATO üyesiyle ihtilafa düştüğü zaman, ABD kimin haklı olduğuna bakmadan, daima Türkiye karşısında yer almıştır ki, bunun en son örneğini Yunanistan ile olan ilişkilerinde gördük. Bu içerikte hatta Türkiye aleyhinde yapılan askeri güç gösterilerine bırakın destek vermeyi, bizzat iştirak etmiştir. Bunun önemli nedenlerinden biri Amerikan "demokrasisinin" işleyiş tarzının önemli öğeleri olan lobilerdir. Yahudi lobisi hariç bu lobilerin hepsi, daha çok tarihten gelen yüzeyde hissi, temelde ise ekonomik ve politik nedenlerle Türkiye düşmanıdır. Korkarım son yirmi yıldaki akılsız dış siyasetiyle Türkiye kendisine geçmişte daima destek vermiş olan Yahudi lobisini de kaybetmiştir. Ümit edelim ki son zamanlarda Atatürk'ün akılcı "yurtta sulh, cihanda sulh" politikasına dönüş istenilen olumlu etkileri yaratabilsin.

Ortadoğu'da ABD dış politikası, Birinci Dünya Savaşı'ndan sonraki İngiliz dış politikasının devamıdır: Amaç Ortadoğu'da kolay kontrol edilebilir despotları destekleyerek, buradan en çok kazancı elde etmektir. (Eşimle beraber, kendisiyle yaptığım tek "baş başa" sohbet esnasında Edinburg Dükü müteveffa Prens Philip, Birinci Dünya Savaşı esnasında ve sonrasındaki Britanya dış siyasetinin Ortadoğu'da pek çok olumsuzluğu yarattığını açık yüreklilikle dile getirmişti.) Ortadoğu halkını bastırmanın kolay yolu Müslümanlığı bahane etmek, onu meşgul etmenin yolu da Musevi-Müslüman düşmanlığını körüklemektir. Türkiye demokratik kurumları, güçlü ordusu ve ulusal bilinciyle bu her iki yöntem için de bir engel oluşturmaktadır. Dolayısıyla Ortadoğu'da (ve hatta Balkanlarda) ABD ile Türkiye'nin çıkarları çatışmaktadır. Yani bu iki ülke arasında, günümüz şartlarında, gerçek bir dostluktan, bir ortaklıktan bahsetmek mümkün değildir. Böyle bir yakınlık, tabiri caizse, eşyanın tabiatına aykırıdır. Fethullah Gülen isminin bir paravan, FETÖ denilen terör örgütünün ABD'ye ait bir taşeron kuruluş olduğunu görmemek için kör olmak gerekir. Açık açık Türkiye düşmanı olan, Türkiye'deki suç organizasyonuna katılan Gülen'in, ABD tarafından ısrarla korunması, paravanın düşüp, gerçeğin görülmesini engelleme arzusunun bir sonucudur. Pek çok gazetecimizin Türkiye'nin muhtelif yönetimlerinde "Fethullahçı" denen kişilerin bulunduğunu belirtip, bunların ortaya çıkarılıp adalete teslim edilmemeleri karşısında ise hayrete düşmelerini anlamak ancak ABD bağlantısını görmemeleri veya dile getirmekten çekinmeleri ile açıklanabilir. Dolayısıyla ABD-Türkiye ilişkilerinde gözetilmesi gereken en önemli prensip, ABD'ye Türkiye'nin gerçek gücünü sık sık hatırlatmak, o gücü eritmesine engel olmaktır. ABD, Türkiye ile dost olabileceğini, bunun kendi yararına olduğunu ancak dostluğun, bir tarafın diğerine boyun eğmesi demek olmayacağını anlamalıdır. ABD ile dostluk, mesela bir Rusya veya Çin düşmanlığını zorunlu kılmamalıdır.

İsveç ve Finlandiya'nın Türkiye'nin yakın tarihinden çıkaracakları önemli dersler vardır. Bu derslerin en önemlisi NATO'dan ve ABD dış siyasetinden uzak durmaktır. İsmet Paşa'nın bir zamanlar dediği gibi, güçlü devletlerle dostluk, vahşi bir ayıyla yatağa girmeye benzer. Yumuşak kürklü, sıcak vücutlu ve sevimli ayının sizi ne zaman yemek isteyeceğini kestirmek kolay olmaz. Türkiye ayı ısırık ve pençelerinden epey zarar görmüştür. Dostumuz olmalarını istediğimiz İsveç ve Finlandiya aynı hatayı yapmamalıdır. Yaptıkları takdirde, bunun sırf kendilerine değil, tüm dünyaya ağır zararlar vereceğinden emin olabilirler.[1]

---

1 Bu mektubun çok kısaltılmış bir şekli 2 Haziran 2022 tarihinde *Cumhuriyet* gazetesinin "Olaylar ve Görüşler" köşesinde "Finlandiya ve İsveç'e NATO dersleri" başlığı ile yayımlanmıştır. O yayından sadece dört hafta sonra, Madrid'de yapılan ve Türkiye Cumhurbaşkanı R. Tayyip Erdoğan, Finlandiya Cumhurbaşkanı Sauli Niinistö, İsveç Başbakanı Magdalena Andersson ve NATO Genel Sekreteri Jens Stoltenberg'in katıldığı bir dörtlü toplantıda Türkiye, "verilen sözler" dışında hiçbir somut sonuç almadan İsveç ve Finlandiya'nın NATO üyeliğini onaylayacağını söylemiştir. Verilen sözlerin ne kadar boş olduğu, toplantıdan sadece birkaç gün sonra İsveç'te yapılan ve hiçbir müdahale görmeyen Türkiye aleyhtarı ve adı geçen ülkelerce terörist bir kuruluş olarak addedilen PKK (=YPG) gösterisiyle görülmüştür. Bu da dış siyasette sadece sözle değil, aynı zamanda karşılıklı menfaatleri iyi dengeleyerek ilişkileri sürdürmenin ne kadar önemli olduğunu bir defa daha göstermiştir. Britanya İmparatorluğu Başbakanı Lord Palmerston'un (1784-1865) sözleri her hariciyecinin kulağına küpe olmalıdır: "Bizim sürekli müttefikimiz veya sürekli düşmanımız yoktur. Sürekli olan bizim menfaatlerimizdir ve onları korumak bizim görevimizdir."

XII

Bir Toplum Yöneticisinde Olması Gereken Bazı Özelliklere Güncel Bir Bakış

Önceki Almanya şansölyesi Dr. Angela Merkel'in diğer dünya liderleri arasında en çok desteğe sahip lider olduğu dünya basınında yer aldı. Hatta ülkemizde Dr. House dizisiyle tanınmış olan büyük İngiliz aktör ve müzisyen Hugh Lorie geçenlerde attığı bir tweet mesajında "Sporda yabancı antrenörlere alıştık; acaba Angela Merkel'i de başbakanımız olarak ithal etsek mi?" demiştir. Aşağıdaki liste Avrupa ve Kuzey Amerika'daki politik liderlerin tahsillerinin hangi konularda olduğunu göstermektedir:

Boris Johnson (UK): Yunan ve Roma klasikleri.
Vladimir Putin (Rusya Federasyonu): Hukuk.
Joe Biden (ABD): Tarih, siyasal bilimler, hukuk.
Emmanuel Macron (Fransa): Felsefe, toplum yönetimi.
Kyriakos Mitsotakis (Yunanistan): Sosyal bilimler.
Pedro Sánchez (İspanya): İktisat ve iş idaresi.
Sebastian Kurz (Avusturya): Hukuk (başladı ama bitirmeden üniversiteden ayrıldı).
Alexander De Croo (Belçika): İş idaresi.
Mark Rutte (Hollanda): Tarih.

Mario Draghi (İtalya): İktisat.
Justin Trudeau (Kanada): Edebiyat ve eğitim.
Florin Cîțu (Romanya): İktisat.
Stefan Yanev (Bulgaristan): Askerlik.
Edi Rama (Arnavutluk): Sanat (resim).
Zdravko Krivokapić (Karadağ): Makine mühendisliği.
Andrej Babiš (Çek Cumhuriyeti): Uluslararası ticaret.
António Costa (Portekiz): Hukuk.
Ueli Maurer (İsviçre): Muhasebe.
Mateusz Morawiecki (Polonya): İktisat, yönetim, tarih.
Viktor Orbán (Macaristany): Hukuk.
Eduard Heger (Slovakya): İktisat.
Janez Janša (Slovenya): Savunma bilimleri.
Andrej Plenković (Hırvatistan): Hukuk.
Ana Brnabić (Sırbistan): İş idaresi.
Zoran Tegeltija (Bosna-Hersek): İktisat ve iş idaresi.
Zoran Zaev (Makedonya): İktisat ve iş idaresi.
Mette Frederiksen (Danimarka): Yönetim, sosyal bilimler, Afrika etütleri.
Erna Solberg (Norveç): Sosyoloji, siyasal bilimler, iktisat.
Stefan Löfven (İsveç): Üniversite diploması yok.
Sanna Marin (Finlandiya): Yönetim bilimleri.
Ingrida Šimonytė (Litvanya): İş idaresi.
Kaja Kallas (Estonya): Hukuk.
Arturs Krišjānis Kariņš (Latviya): Dilbilim.
Angela Merkel (Almanya): Fizik (doktorası var).

Yukarıda listelenen bütün liderler arasında bir tek Dr. Merkel bir doğa bilimi, fizik okumuş ve bu bilimin modern safhasının doğduğu ülkesinde bir de doktora yapmıştır. Doğal afetler, felaket şeklinde bir nüfus artışı, okyanusların görülmemiş kirlenmesi, her yıl 40.000 canlı türünün yok oluşu, global ısınmanın tehlikeli seviyelere varmış olmasıyla karakterize olan dünyamızda, doğayı derinden incelemiş, problemleri boş laflarla değil bilimsel yöntemlerle çözmeyi öğrenmiş birisinin, yönettiği kütlelerin geniş desteğini alması şaşılacak bir şey midir? Dolayısıyla gezegenimizin doğal çevresini korumak konusunda politik liderlerin bir türlü bir anlaşmaya varamamış olmaları beklenmedik bir şey midir? Dr. Merkel hariç diğer liderlerin problemleri temelden anlamaları bile mümkün değildir. Artık en azından bazı liderlerimizi biraz doğayı tanıyan kişilerden seçmenin zamanı gelmemiş midir?

XIII

Türkiye Bir Entelektüel Devini, Bir Aydınlanma Savaşçısını, Bir Atatürk Dönemi Ürününü Daha Kaybetti

Profesör Yümnü Doğan Kuban (8 Nisan 1926-22 Eylül 2022) uzun ve kendisini elden ayaktan düşüren bir hastalık sonucu vefat etti. Doğan Bey, İTÜ'nün mimarlık fakültesi, mimarlık tarihi ve restorasyon kürsüsü profesörüydü ve İTÜ'nün, tabiri caizse, ulu çınarlarından biriydi. Ben kendisini lise yıllarımdan beri yakından tanımak bahtiyarlığına eriştim. 1988'den sonra, kendisi de kocası gibi muhteşem bir insan olan eşi rahmetli Sabiha Teyze sayesinde satın aldığımız Boğaz'daki evimizin tadilatını o yapmış, Assos'taki yazlığımızın arazisini o satın almış, oradaki evin planlamasında da önemli bir rol oynamıştı. Doğan Bey bizim bir aile büyüğümüz gibiydi.

Kendisiyle iki tane uzunca Avrupa gezisi yapmıştık ailece. Biri Fransa'da, Paris'ten başlayıp tüm güney Fransa sahillerini içine alan, diğeri de Kuzey İtalya'da Venedik, Verona, Padova gibi şehirleri de içeren iki gezi. Gezimizi otomobille yaptık. Gittiğimiz yerlerde otomobil kiralıyorduk, Cevdet de bizimle olduğundan büyük bir rahatlık içinde iki muhteşem kültür gezisi yapabilmiştik. Doğan Bey Paris'ten başlayarak bize Fransa'nın mimari ve kültürel zenginliklerini gösterdi. Ortaçağ katedrallerini gezerken anlattığı detaylara hayret ederek, bunları niçin bu detayda bildiğini sormuştum. Yanlış hatırlamıyorsam, ben daha doğmadan İTÜ'de bu konuda bir ders verdiğini söylemişti. Hani neredeyse yarım yüzyıl sonra bilgilerinin bu kadar detaylı ve berrak olmasına inanamamıştım. İtalya gezisinde de durum aynıydı. Gezilerimiz esnasında ilginç bulduğu yerlerin jeolojisini de bana anlattırmıştı.

Doğan Bey kapı komşumuz olduğundan ailece ondan çok yararlandık. Bilgisini cömertçe paylaşan bir insandı. Hepimize ve milletine telkin etmek istediği şey şuydu: Uluslararası medeniyetin bir parçası olmaya bakın. Ondan öğrenin ve ona katkıda bulunmak için çalışın. Bir gün ailece bir yere giderken, Doğan Bey şoförüm Cevdet'e dönerek, "Cevdet, siz lisede Shakespeare okudunuz mu?" diye sordu. Tabii Cevdet'in Bulgaristan göçmeni olduğunu biliyordu. Cevdet'in olumlu cevabı üzerine bize "Bakın, Cevdet'in gördüğü tahsil, içinde yetiştiği toplum, Avrupa kültürünün bir parçasıdır. Bulgaristan insanı lisede Shakespeare'i okurken, İngiliz Eton'da Dostoyevski'yi, Tolstoy'u okuyor; Fransız Goethe'yi okurken, Alman Dante'yı okuyor. Maalesef Atatürk'ün tüm çabalarına rağmen bizler o kültürün bir parçası olamadık" dedi.

Doğan Bey subay çocuğuydu. Üstelik babası rahmetli Baha Albay, General Kâzım Karabekir'in yaveriymiş. Birinci Dünya Savaşı'nda Kafkasya'da esir düşerek Sibirya'da, Krasnoyarsk'taki esir kampına yollanmış. Orada hem Rusça hem de Alman esirlerden Almanca öğrenmiş. Kamptan kaçıp, Orta Asya ve Azerbaycan arazisini geçip Erzurum'a gelir gelmez Karabekir'in huzuruna çıkıp "Biz geldik Paşam, emrinizdeyiz" demişler. Önce bir ailemizi görelim, onlara haber verelim falan dahi demeden!

Kurtuluş Savaşı'ndan sonra Atatürk, Birinci Dünya Savaşı nedeniyle eğitimleri yarım kalmış genç subayları kurmay eğitimlerini tamamlamak üzere derhal Avrupa'ya yollamış. Bu çerçevede de Baha Albay (o zaman sanırım henüz yüzbaşı) Paris'teki meşhur École de Guerre'e (=Harb Okulu) gönderilmiş. Adam gibi Fransızca bilmeden gittiği Fransız okulunu birincilikle bitirmiş! O nedenle Doğan Bey'in doğum yeri Paris'tir: rue Copernic no. 4! 2005 yılında ben Collège de France'ta profesörken, bizi ziyarete geldiğinde meşhur Arc de Triomphe'un (=Zafer Takı) bulunduğu Étoile Meydanı'ndan (şimdiki adı Charles de Gaulle Meydanı) ayrılan yollardan birini oluşturan Avenue Kléber'in bir yan sokağı olan Copernic sokağına götürerek doğduğu iki katlı küçük evi göstermişti bize Doğan Bey.

Daha sonra babası Berlin'de askeri ataşemizken, Doğan Bey de yuvaya gönderilmiş ve Almanca öğrenmiş. Baha Albay Ankara'da askeri istihbarat dairesi başkanı olunca da Gazi Lisesi'nde tahsilini sürdürmüş, bu arada Erdal İnönü ile sınıf arkadaşı olmuşlar. "Ama ben matematikte Erdal'dan iyiydim" diye gülerek anlatırdı. Babası maalesef bir beyin inmesi sonucu 47 yaşında, general olamadan vefat etmiş. Doğan Bey o zaman 14 yaşındaymış. "Ah o zamanki çocuk aklımla babamdan öğrenebileceğim pek çok şeyi ona sormayı düşünemediydim" diye hayıflanırdı.

Baha Albay Ankara'daki son görevine atanmadan Eğirdir'de, o zamanki adıyla Dağ Talimgâhı olan Komando Tugayının komutanlığını yapmış. Tugayda eski bir sinema makinesi bulununca derhal İstanbul'daki yabancı konsolosluklara yazarak film istemiş. Filmler gelince okulun odalarından birisi akşam karartılarak sinema gösterisi yapılmış. Gösteriye çok az kişi gelmiş. Ertesi gün Eğirdir halkı arasında "kadın-erkek karartılmış bir odada toplandılar" lafları dolaşmaya başlayınca, Baha Albay, o zamanki mülki amiri çağırarak "Yarınki gösteriye herkes gelecek" diye emretmiş. Doğan Bey "Eğirdir halkı, babam sayesinde sinema ile tanışmıştı" derdi.

Bir gün Doğan Bey ve İTÜ'den iki sınıf arkadaşı, o zaman Cuhmurbaşkanlığı başdanışmanlarından olan Prof. Dr. Bozkurt Güvenç ve Kültür Okullarının ve Üniversitesi'nin kurucusu Fahamettin Akıngüç bizim evde bir araya gelmişlerdi. O üçlünün İTÜ anılarını dinlemek ben ve eşim için büyük bir haz, bilgi ve görgü kaynağı olmuştu. Onları dinlerken ülkemin nereden nereye sürüklendiğini görerek içim cız etti. Son yirmi yılda Türkiye'nin yaşadığı kültür yozlaşması, şahlandırılan ve körüklenen cehalet, yaygınlaştırılmaya çalışılan Atatürk ve akıl düşmanlığı, din adına halkın hem sömürülüp hem de boynuna boyunduruk geçirilmesi, bir ülkede insan haysiyetinin ve eşitliğinin garantisi olan laiklik ilkesine alenen, hem de devlet makamlarında oturanlarca saldırılması, görülmemiş ahlak sukutu, Doğan Bey ve arkadaşlarını kahrediyordu. Ben onun içini kemiren bu acıya gün be gün Doğan Bey'in yanında şahit oldum. *Cumhuriyet Bilim Teknik* ve *Herkese Bilim Teknoloji* okurları da hiç kuşkusuz yazılarından onun haletiruhiyesini tahmin etmişlerdir.

Bir gün, gene Paris'te birlikte şehrin en büyük kitapçısı Gibert Joseph'e gittik. Boulevard St. Michel üzerindeki beş katlı bu devasa dükkân, kitap rafları arasında kalan boşluklardaki büyük masalar üzerinde sürekli teması değişen muhteşem kitap sergileri yapar. O gün konu yemek tarifleri ve gastronomiydi. Dünyanın her yerinden, her kültürden yemek tarifleri ve gastronomik gelenekleri konu edinen binlerce kitap sergileniyordu. Doğan Bey, kültürel her şeyle ilgilendiği için bir müddet bu sergiyi inceledi. Sonra bana dönerek, "Bak Celâl" dedi, "buradaki tüm kitaplar Fransızca ve yazarlarının hemen tamamı Fransız, bir küçük kısmı Belçikalı veya İsviçreli. Bu kültürde, birileri bir konuya ilgi duyuyor ve onu derinlemesine araştırıyor, bazen yıllarını, bazı kişiler ömürlerini o konuya adıyorlar. Sonra belli bir bilgi ve anlayış raddesine varınca oturup o konuda yenilik içeren veya konuyu derleyip toplayan bir eser veriyorlar. İşte bu bizim kültürde eksik. Bu merak eksikliği bizim en büyük handikabımız."

Bunun neden böyle olduğunu da bir seferinde bizim terastan (yani bizzat planlayıp inşasına mukayyit olduğu terastan) Boğaziçi'ne bakarken bana açıkladı: "Resim ve heykel yapmayan bir toplum bilim yapamaz çünkü çevresini gözlemlemeyi, gözlem yetilerini keskinleştirmeyi öğrenemez. Çevresiyle adam gibi ilişki kuramadığı için merakı körüklenmez. O toplum doğadan kopup kendi içine kapanır ve zamanla çöker."

Bütün bu yazdıklarımdan Doğan Bey'in bir Batı abuşu olduğu izlenimi edinilmemelidir. Kendi kültürünü çok iyi bilen, vatanını ve milletini çok seven, hele Türkçeyi çok önemseyen bir insandı. Bir gün Paris'te bir lokantada yemek yerken Türkçenin modern doğa bilimleri için yetersiz bir dil olduğunu söyleyince herkesin ortasında pek sıkı bir zılgıt yemiştim. (Eşim, oğlum, ve Fransa'daki bazı Türk dostlarımızın önünde, hem de yüksek sesle azarlanırken Fransa'nın en yüce akademik kuruluşu olan Collège de France profesörü olduğumu hatırlatayım.) Beni sık sık Türkçe bilimsel yayın yapmadığım için eleştirmiştir. Kendisi pek çok dile hâkim olduğu halde bilimsel yayınlarının büyük çoğunluğu Türkçedir. Ben mesela İtalyancasının kalitesini, Zürih hava meydanındaki bir barmen ile İtalyanca sohbet ettiği sırada görmüş ve şaşırmıştım. Hani İtalyanca okuyup yazdığını biliyordum ama bu kadar akıcı konuşabildiğini bilmiyordum. Doğan Bey ve akranları yayınlarını Türkçe yaparak bir Türk bilim dilinin gelişmesini, Türk gençlerinin bilime doğrudan ulaşabilmesini amaçlamışlardı. Türkçe ders kitabı yazmak veya meşhur ders kitaplarını Türkçeye çevirmek çok eski, kökleri 18. yüzyıl sonuna dayanan bir İTÜ geleneğidir. Doğan Bey bu geleneğin çok mümtaz bir temsilcisiydi.

Ben ona hep "Hocam" diye hitap ettim. Hoca kelimesini, Farsça "köle sahibi" anlamına gelen *hovace* kökenli olduğu için hiç sevmememe rağmen (bunu da büyük bir olasılıkla ondan öğrenmişimdir), bu onun yetiştiği kültürün bir parçasıydı. Fakat bir gün, elindeki tüm rölöve, fotoğraf ve diyapozitiflerini İTÜ arşivlerine hediye etmiş olması münasebetiyle o zaman rektör olan Prof. Dr. Mehmet Karaca mimarlık fakültesinden iki yardımcı ve/veya danışmanıyla kendisini ziyaret etmeye geldiği zaman kendisinden 30 yaş küçük olan rektöre Doğan Bey'in "Hocam" diye hitap etmesi beni şaşırtmıştı. Mehmet, 1957 doğumlu bir İstanbul çocuğudur. Sonunda o da biraz çekinerek: "Hocam, siz emekli olduğunuzda ben İTÜ'ye yeni asistan olmuştum" dedi ama Doğan Bey, gelince elini öpmüş olan rektöre hitap tarzını değiştirmedi. Rektör ve yardımcıları ayrılırken gene Doğan Bey'in elini öptüler, o da onlara paraca da epey değerli olan muhteşem kitaplarından hediye etti. Yanından hep birlikte ayrıldıktan sonra Mehmet elindeki hediye kitapları göstererek "Gene bizi kazançlı çıkarttı Hoca" demişti.

Bu büyük bilim insanı, öğretmen ve yüce karakterin ölümüyle Türkiye'de bir devir kapanmış, ülke bir hazinesini kaybetmiştir. Doğan Bey'in yokluğu sanırım öğrencileri, meslektaşları, okuyucularıyla birlikte en çok beni ve ailemi etkileyecektir. Çünkü kapı komşumuz olan bir bilgi ve görgü pınarıydı. İstediğimiz zaman gidip o pınardan kana kana içerdik. Artık o pınar kurudu ama arkasında muazzam bir eser abidesi bıraktı. Pamukkale'nin o muhteşem traverten taraçalarını yaratan su kesilse, o taraçalar, birisi tahrip etmediği sürece, sarararak da olsa milyonlarca yıl orada durabilir. Dediğim gibi, birisi onları tahrip etmedikçe, yok etmedikçe. Ümidim, gelecek nesillerin Doğan Bey'in ardında bıraktığı o muhteşem abideden öğrenmeye devam edebilmeleridir.

Milletçe başımız sağ olsun. Tüm bilim ve kültür dünyasının, insanlığın başı sağ olsun.

XIV

Hem Dindar Hem de İyi Eğitimli Gerçek Bir Aydınlanmacı Olunca Bakın Neler Olabiliyor

Köklü bir Bohemya asilzade ailesinden gelen Thun ve Hohenstein Kontu Leopold (Leopold Graf von Thun und Hohentsein, 1811-1888) 1849 yılında İmparator Franz Joseph tarafından Avusturya İmparatorluğu'nun Eğitim ve Kültür Bakanlığı'na atanmıştı. 1860 yılına kadar bu görevde kalan Kont, Avusturya'nın entelektüel yaşamında devrimler yapan bir politikacı olarak tarihe geçmiştir. Benim kendisi hakkında bilgi sahibi olmamın nedeni, Kont'un gelmiş geçmiş en büyük jeolog olan Eduard Suess'ü (1831-1914) Viyana Üniversitesi Paleontoloji profesörlüğüne atama hikâyesidir. Önce Kont'un karakterini çok güzel ortaya koyan bu hikâyeyi anlatayım, sonra da onun Avusturya eğitim ve bilim yaşamına yaptığı katkıları özetleyeyim.

1850'li yıllarda Viyana'da bugünkü Viyana Doğa Tarihi Müzesi'nin atası olan Hofmineralienkabinett'de (Saray Mineral Odası) paleontolog olarak çalışmakta olan Suess Avusturya İmparatorluğu'nda jeoloji eğitiminin çok kötü bir şekilde verildiğini düşünmekteydi. Jeolojinin, mineraller ve kayaçlar hakkındaki bilgilerin birbirinden ilgisiz ezber malzemesi şeklinde anlatılmakta olması, öğrencileri sıkıyor ve bu bilimden soğutuyordu. Suess jeoloji eğitiminin çok daha iyi bir şekilde yapılabileceği kanaatindeydi. Dolayısıyla o zamana kadar yaptığı yayınların ayrıbaskıları ve ülkenin en önde gelen jeologları, Avusturya Jeoloji Servisi Müdürü Wilhelm Ritter von Haidinger, Prag'da jeoloji profesörü olan meşhur August Emanuel Rudolph von Reuss ve Hofmineralienkabinett Müdürü Moritz Hoernes'ten aldığı tavsiye mektuplarıyla beraber maaşsız bir doçent (Privatdozent) olabilmek için Viyana Üniversitesi'ne başvurdu. Suess'ün bırakın üniversitede öğretim üyesi olabilmek için gereken bir doktorası, üniversite diploması bile yoktu çünkü 1848 politik çalkantıları esnasındaki rolü nedeniyle üniversiteden ayrılmak zorunda kalmıştı. Üniversite, Suess'ün müracaatını ciddiye bile almadı. Ancak Suess yılmadı ve doğrudan Eğitim ve Kültür Bakanlığı'na yayın ve mektuplarını da eklediği bir dilekçe yazarak niyetini anlattı. Kont Leo, Suess'ü bakanlığa davet etti ve kendisine yasanın gayet açık olduğunu ve kendisini doçent olarak atamasının mümkün olmadığını söyledi. "Ancak" diye devam etti Bakan, yasayı dikkatle incelediğini ve Suess'ü profesör olarak atamasının önünde hiçbir engel görmediğini belirtti. Bunun üzerine 26 yaşındaki genç paleontolog Viyana Üniversitesi'ne, tüm profesörlerin şaşkın bakışları altında, paleontoloji profesörü olarak 24 Temmuz 1857'de atandı ve yasa gereği, İmparator atamayı 10 Ağustos 1857 tarihinde tasdik etti. Bu atama ile beraber ilk defa ülkede bir paleontoloji kürsüsü kurulmuş ve daha sonra dünyanın en büyük jeologu olacak olan Suess'ün önü açılmış oluyordu. Yıllar sonra, 1888 yılında Kont vefat ettiği zaman, Suess Viyana Üniversitesi rektörüydü ve senato kararıyla üniversite senatosu üyeleriyle beraber rektör cenaze törenine katılarak Kont'un tabutu arkasında yürüdü. 1888 tarihi aynı zamanda, Suess'ün modern jeolojinin en önemli temel taşı olan dört ciltlik *Das Antlitz der Erde* (Arzın Çehresi) adı eserinin de ikinci cildinin yayımlandığı yıldır. Suess hatıralarında cenaze merasiminde yürürken Kont'un 31 yıl önce attığı alışılmamış adımın iyi sonuçlar vermesinin tatminini hissettiğini yazar.

Kont Leo dindar bir katolikti. Buna rağmen önemli bir eğitim filozofu olan Franz Serafin Exner (1802-1853) ile birlikte geliştirdiği eğitim reformu politikası hoşgörü üzerine kurulmuştu. Bakanlığı esnasında İmparatorluk'taki üniversiteler bağımsızlıklarını kazandılar. Kont, Katolik Avusturya İmparatorluğu'nda ilk defa Protestan ve Yahudi bilim insanlarını üniversite profesörlüklerine atadı ve gereken konularda yurtdışından yabancı bilim insanlarını da davet ederek onları üniversite kadrosuna aldı. Ezici çoğunluğu Katolik olan Avusturya İmparatoluğu'nda Protestan eğitim ve öğretim kurumuna bir ilahiyat fakültesi statüsü verdi (bunun önemini anlayabilmek için Türkiye'de bir "Alevi ilahiyat fakültesi" kurulması olasılığını düşünün). Kont, Avusturya Tarih Araştırmaları Enstitüsü'nü Fransa'daki École Nationale des Chartes modelinde tamamen modernize etti. Aynı zamanda yeni kurulmuş olan İmparatorluk Bilimler Akademisi'ni desteklemekle kalmadı, onun yeni baştan organize edilmesi için yardım etti. Bakanlık'tan ayrıldığı gün, Akademi kendisini şeref üyeliğine seçti.

Bakanlığından sonra Avusturya Asiller Meclisi'nde yer alan Kont, İmparatorluk içerisindeki tüm etnik gruplara otonomi vererek federal bir yapı kurulması için çok gayret sarf etti ama başarılı olamadı. Eğer Kont Leo bu çabasında başarılı olsaydı, belki de bugün Avusturya İmparatorluğu, tıpkı İngiltere'de olduğu gibi hem monarşisini hem de birliğini koruyabilir, Birinci Dünya Savaşı felaketi hiç olmayabilirdi. Kont 1885-1888 yılları arasında, yani ölümüne kadar, *Das Vaterland* (Anavatan) dergisinin de yayın yönetmenliğini yaptı. Bu, Kont'un federalist görüşlerini, demokratik ve sosyal reformların gerekliliğini ve yeni bir seçim yasası lüzumunu savunan önemli bir dergiydi.

Kont'un ailesinin bugünkü Almanya sınırındaki Děčín (eski adıyla Tetschen) şehrinde olan şatosunda 500 yıllık ve 10.000 ciltlik bir kütüphanenin de mevcut olması kendisinin yetiştiği ortamın havası hakkında sanırım bir fikir verebilir. Kont Leo von Thun und Hohenstein tarihte hem samimi bir dindar hem de iyi bir insan, dürüst bir politikacı ve birinci sınıf bir entelektüel olmanın mümkün olduğunu gösteren en güzel örneklerden biridir. İnsanı "bakan dediğin böyle olmalı" diye düşündüren bir adamdı. Tüm dünyadaki jeologlar kendisini bugün bile hayırla yâd etmektedirler.

XV

Orhan Pamuk'a Candan Tebrikler

Nihayet bir Türk, Nobel ödülü aldı! Bunun bende yarattığı sevinci sizlere anlatamam. Orhan Pamuk bu ödülü niçin aldı yaygaralarının tümü abesle iştigaldir, zira bu gereksiz sorunun basit bir cevabı var: Başkaları nasıl aldıysa öyle aldı. Ödülün alanı edebiyattır, Orhan Pamuk da edebiyatçıdır. Kırk yılda bir söylediği birkaç siyasi/toplumsal lafın dışında bir sürü roman ve yazı yazmıştır. Bu romanlar dünyanın neredeyse kırk diline çevrilmiştir. Orhan Pamuk bu romanlarında futbol maçı anlatmıyor: Kendisini ve toplumunu anlatıyor. İnsanın şöhreti arttıkça, her lafında keramet bulanların sayısı da artar, onun için bazen hiç anlamadığı konularda da laf etmenin cazibesine karşı koyamaz. Orhan Bursalı bundan on üç yıl önce beni bilimadamı olarak uzun uzun övdükten sonra toplumsal seçkinciliğimden bahsederek, toplumsal konulara girdiğimde saçmaladığımı yazmıştı. Saçmalamak benim tekelimde olan bir şey değil. Ama Orhan Pamuk'a ödülü, birileri saçmaladığını düşündüğü için verilmemiştir.

Bu sütunun okurları benim toplumsal görüşlerimin Orhan Pamuk'un dile getirdiği görüşlere ne kadar aykırı olduğunu iyi bilirler. Dahasını da söyleyeyim: Ben Orhan Pamuk'un bir romanını (*Benim Adım Kırmızı*) okumaya çalıştım, sıkılıp bıraktım. Ama sıkıldığım roman bir tek onunki değil ki. Yaşar

Kemal'in *İnce Memed*'ini de beni sıktığı için okuyamamıştım. Dostoyevski'nin, Flaubert'in vs. daha bir sürü yazarın romanları bana fenalık getirdikleri için bırakmıştım. Bu benim edebiyattaki zevkimi (veya zevksizliğimi) gösterir, Orhan Pamuk'un yazarlığının kalitesini değil. Ödülü veren bir siyasi parti değil, İsveç Akademisi. Eğer bu Akademi Orhan Pamuk'un siyasi söylemini de dikkate aldıysa, onu edebiyatçılığı yönünden yapmıştır. Bir edebiyatçının pek çok yönü olabilir. Kimisi sanatı sanat için, kimisi de toplum için veya başka tür sorunların üzerine gitmek için yapar. Maksat bu şekilde yazılanların aynı zamanda edebiyat olmasıdır. Orhan Pamuk ödülü edebiyat yaptığı için almıştır, siyaset yaptığı için değil. Gerçekten de, kendisinin *Frankfurter Allgemeine* gazetesine Türkiye'deki deprem tartışmalarını hicvi bir ifadeyle anlattığı, içinde de benden toplumu korkutan "şeytani profesör" diye bahsettiği bir yazısını okumuş, espri yeteneğine ve anlatımına (Almanca tercümedeki haliyle) hayran olmuştum.

Orhan Pamuk'un Nobel'i ulusça çok ama çok sevinmemiz gereken bir konudur. Cumhurbaşkanlığı'nın geciken tebrikini ne kadar yadırgadığımı anlatamam. Yapılan ayıp-ötesi bir şeydir, tüm ulusa verilen kötü bir mesajdır. Yapılması gereken ise basit bir kutlama mesajı değil, Orhan Pamuk'u vakit geçirmeden Cumhurbaşkanlığı köşküne davet etmek, kendisine Ulusal Onur Madalyası vermektir.

Ulusça başkalarının başarısını çekemeyen bir yanımız var. Başkalarının felaketini paylaşmak, başarılarının sevincini paylaşmaktan kolaydır derler. Ne kadar doğru. Bunun kanımca en önemli nedeni, altı yüz yıl kul olan insanların her başarının arkasında, padişaha ve dolayısıyla nimetlere bir adım daha yaklaşma marifetini görmesidir. Padişah bir zirvedir ve o zirvede ancak çok mahdut miktarda bendeye yer vardır. Onun için herkes oradakileri bir şekilde padişahın gözünden düşürüp onun yerine yerleşme hevesi içerisindedir. Dolayısıyla her başarı, karalanması gereken bir şeydir.

Sevgili vatandaşlarım! Artık padişah yok. Cumhuriyeti ilan edeli neredeyse yüz yıl oldu. Artık hür bir toplumuz; başarı için, nimetlerden yararlanmak için, adam olmak için, padişahın lütfuna ihtiyacımız yok! Tek yapılacak iş bireysel olarak ne istediğimizi bilip, o amaca doğru çalışmaktır. Türkiye Cumhuriyeti vatandaşı Orhan Pamuk, Atatürk'ün kurduğu bu cumhuriyette, hür olarak çalışıp, hedefine varmıştır. Yapabileceğimiz tek şey, hepimiz adına dünyada alnımızı ak çıkaran bu yaptığı için onu tebrik etmek, vatandaşımız olarak canıgönülden kucaklamaktır.

XVI

Ozan Sungurlu'yu Hatırlamak[1]

Hayatta hiç kimse mükemmel olamaz. Ama bazı kişiler mükemmel sıfatına o kadar yaklaşmışlardır ki, çevresindekiler onlardan "mükemmel insan" diye bahsederler. İşte merhum Ozan Sungurlu bu ender kişiliklerden biriydi. Onu tanıyıp, ona kayıtsız kalabilen birisini ben görmedim. Ozan Ağabey'in iki cephesi vardı: 1) İnsan Ozan Sungurlu; 2) bilim insanı Ozan Sungurlu. Hangi cephesinden bakarsanız bakın onun Nirvana'ya yakın bir yerlerde olduğunu hissederdiniz.

Ozan Ağabey'in ablası, Muhterem Gönül Sungurlu-Dervişoğlu Hanımefendi, kendisinden 17 yaş küçük kardeşi Ozan Ağabey'in hayatını anlatacağı kitabına benim bir önsöz yazmam arzusunu, bana bir diğer kardeşi, eski adalet bakanlarımızdan, kendisine büyük bir saygı ve sevgi duyduğum Sayın Oltan Sungurlu kanalıyla bildirdi. Oltan Amca'dan telefonda bu teklifi alınca, önce "acaba bu bir hayal mi?" diye düşündüm bir an. Ozan Sungurlu çapında bir devin biyografisine önsöz yazmak, onun eski "çömezlerinden", kendisinin "deli oğlan" diye hitap ettiği bana mı kalmıştı? Oltan Amca'ya bunu açık kalplilikle söyledim. "Hayır" dedi, "senin yazmanı istiyoruz. Ozan'ı en sık sen hatırlattın milletimize." Kendisine bunun bana tüm yaşamım boyunca bah-

1 Bu metin, Gönül Sungurlu Dervişoğlu tarafından kaleme alınan *Kardeşim Ozan Sungurlu* kitabı (Bizim Matbaa, İstanbul) için, önsöz olarak kaleme alınmıştır. (Y.N.)

şedilmiş en büyük şereflerden biri olduğunu söyleyerek yazacağıma söz verdim. Bu önsöz, verdiğim o sözün, ödemekten belki de tüm hayatımda en çok keyif aldığım bir teminatın ürünüdür.

Ben Ozan Ağabey'i tanıdığımda henüz State University of New York at Albany'de bir jeoloji lisans öğrencisiydim (sanırım 1976 veya 1977 senesiydi). Kendisiyle galiba İzmir'de uluslararası bir jeoloji toplantısında tanışmıştık. Jeolojiye daha ilkokul sıralarında gönül vermiş, lisede Türkiye yerbilimlerinin iki abidevi ismi İhsan Ketin ve Sırrı Erinç'le tanışmış ve onların tam anlamıyla himayelerine mazhar olmuş birisi olarak, ne yazık ki bende, ülkemde jeoloji biliminin düzeyinin ortalamasının epey düşük olduğu intibaı oluşmuştu. Hem İhsan Bey hem de Sırrı Bey de aynı fikirdeydiler. İzmir'de ben hem Ozan Ağabey'i hem de onun üniversiteden arkadaşı Yücel Yılmaz'ı tanıdım. Bu iki kişi beni jeolojiye bakış açıları ve bilgileriyle çok olumlu etkilemişlerdi. O arada Ozan Ağabey'in iki arkadaşı ile daha tanışma fırsatım oldu: Necdet Özgül ve Fuat Şaroğlu (galiba Fuat'la daha da önce MTA'da Esen Arpat sayesinde tanışmıştım). Yücel, doktorasını Londra'da yapıp yeni dönmüştü. Ozan Ağabey, Necdet Ağabey ve Fuat ise tamamen Türkiye'nin yetiştirmeleriydi. Yabancı dil bilgileri ise hemen hemen yok gibiydi. Bu dezavantajlara rağmen bu üç jeolog beni hayrette bırakan bir bilgi birikimi ve kavrayış sahibiydiler. Albany'de hocam, dünya çapında büyük jeolog John Dewey'e kendilerinden bahsederken "Bu kişiler Mozart gibi: Sırf yetenek" dediğimi hatırlıyorum. Bunu Yücel'e söylediğimde o da bu teşhise aynen katılmıştı. Bir keresinde "Sana komik bir şey anlatayım" dedi. "Ozan dört senelik üniversiteyi yedi senede bitirmişti. O zaman İstanbul Üniversitesi'ndeki hocalarımızın hiçbiri ondaki cevherin farkına varmamıştı." Ama büyük jeolog Dewey, Ozan Ağabey'i tanır tanımaz onun cevherini fark etmiş, İngilizcesi yok denecek düzeyde olan bu kişiyi derhal Albany'e davet etmişti.

Ben kendisini tanıdığımda Ozan Ağabey Türkiye Petrolleri Anonim Ortaklığı, Arama Grubu jeologlarındandı. Kısa bir süre sonra o grubun başına atandı. Her Ankara'ya gittiğimde onu muhakkak ziyaret ederdim ve jeoloji sohbetleri yapardık. Tabii ana konumuz hemen her zaman Türkiye'nin jeolojisinin anlaşılmasıydı. O sohbetlerde ondan neler neler öğrenmiştim. O aralar Türkiye'nin güneydoğusundaki Toros Silsilesi ve Ozan Ağabey'in de epey üzerinde çalıştığı, onun güneyindeki geniş önülkenin jeolojisinde ciddi sorunlar vardı. Ozan Ağabey, beni orada bir arazi gezisine davet etti. Kendisi, ben, bazen o zaman TPAO jeologlarından olan Doğan Perinçek ve şoförler vs. Arazide Ozan Ağabey bana 19. yüzyılın büyük İsviçreli jeoloğu Arnold Escher von der Linth'i hatırlatmıştı: Genellikle jeologlar arazide arabadan inince en yakın mostraya koşup onu çekiçlemeye başlarlar. Ozan Ağabey öyle yapmıyordu. Öncelikle görülecek alanın yüksekçe bir mevkiine çıkıp araziye bakıyordu. O zaman Ozan Ağabey'in, Escher von der Linth'in sahip olduğu söylenilen bir yeteneği olduğunu keşfettim: Bir bakışta karmakarışık bir jeolojik yapının ana hatlarını görebilmek! Bunu görmek müthiş heyecan vericiydi. O yüksek noktadan, arazinin yapısı bana elimizdeki topoğrafya haritası üzerinde anlatıldıktan sonra, görülmesi gereken kritik mostralara gidiyorduk. Bir taş kırması icap ettiği zaman Ozan Ağabey, ya benim ya da Doğan'ın çekicini istiyordu. Gittiğimiz kritik mostralarda, o güne kadar müphem kalmış pek çok noktayı aydınlattık.

O geziden sonra ben Albany'e döndüm. Ertesi sene Yücel ve ben, İhsan Ketin Hocamızla birlikte Türkiye'nin kuzeyindeki dağ kuşağı içerisinde o zamana kadar kimsenin varlığını fark etmediği ancak benim 1979'da *Nature* dergisinde olması gerektiğini söylediğim bir okyanusun kalıntılarının bulabildiğimiz verilerini yayımladık. Bu ve benzeri yayınlarımız, henüz dergilerde yayımlanmadan derhal Ozan Ağabey'e gönderiliyor, eleştirisi alınıyordu. Ama Kuzey Anadolu Dağlarındaki okyanus kalıntıları o kadar mühimdi ki, Ozan Ağabey 1980 yılından sonraki birkaç senede ekiplerini İstanbul ile Sinop arasında uzanan bölgeye sevk ederek, bizim makalelerimizde yayımladıklarımızın kontrol edilmesini sağladı.

1980 yılında Yücel'le ben artık Türkiye'nin genel yapısının levha tektoniği açısından yorumlanması gerektiğini düşünerek uzunca bir makale kaleme aldık. Her zamanki gibi makale yayımlanmadan derhal bir nüshayı, o zaman tesadüfen Türkiye'de olduğumdan, ben bizzat Ozan Ağabey'e götürdüm. "Şu mesai bir bitsin de, sonra rahat rahat konuşuruz" dedi bana. Ben de oturup bekledim. Mesaiden sonra odasına gittiğimde, elinde bizim makalenin daktilo edilmiş nüshasına bakıyordu. Beni görünce "Gel otur; şimdi bakalım, buradaki modelle uyuşmayan gözlemler var mı?" diye sordu. Bu bir modeli gözlemle kontrol etme huyu o zaman yurtdışında bile pek anlaşılmış bir yöntem değildi. O zamanki yaygın kanı -ki Amerika'daki anlı şanlı pek çok jeoloji profesörü de öyle düşünüyordu- jeoloğun araziye boş bir kafayla yani sözüm ona "önyargısız" olarak gitmesi ve arazide topladığı verilerle "gerçeği" bulmaya çalışması yönteminin tartışılmazlığıydı. Bir kere bir model oluşturuldu mu, jeolog onu "doğrulayacak" gözlemleri aramalıydı. Halbuki bu mümkün değildir: Boş kafayla araziye giden, boş elle geri gelir. Araziye muhakkak kafada bir model, bir fikirle gidilmeli, o fikirden yapılan çıkarımlar gözlemle denetlenmeli ve modelin gözlemle çelişen yanları bulunarak model ya değiştirilmeli ya da tamamen terk edilerek yeni bir model geliştirilmelidir. Jeolojik bir arazi modelini tamamen "doğrulayacak" kadar gözlem yapmaya hiçbir jeoloğun ömrü yetmez. Amerika'da bu "önyargılı bir yaklaşım" diye küçümsenen bir tutumdu ama benim iki İngiliz hocam, John Dewey ve merhum Kevin Burke, jeolojinin başka türlü yapılamayacağı kanaatindeydiler. Zaten Avusturyalı büyük bilim filozofu Karl Popper, bütün bilimin önce bir hipotez geliştirip, onu gözlemle sınamak yöntemiyle yapılabileceğini daha 1935'te söylemişti. Popper'in yakın dostu Albert Einstein de aynı fikirdeydi.

Ben o akşam, Ozan Ağabey'in TPAO'daki odasında, yurtdışı hiçbir tahsili olmayan, yeterli bir yabancı dil de bilmeyen bu adamın sadece kişisel dehâsının yardımıyla Popper ve Einstein'in savundukları bilim yapma yöntemini bulmuş olduğunu görerek hem hayret ettim hem de kendisine olan hayranlığım ve saygım arttı. Birlikte oturduk, bizim makaleyi ana hatlarıyla elden geçirdik ve Ozan Ağabey'in tenkitleri sonucu orasını burasını da tamir ettik. Bizim Güneydoğu Torosların güneyindeki önülke üzerinde meydana gelmiş olan kıvrım kuşağına, bizden evvelki tüm jeologlar gibi "Kenar Kıvrımları" dediğimizi görünce, Ozan Ağabey "Kuzeydekilere Pontidler diyoruz. Güneydekilere Tauridler. Bunlara da benzer kökenli bir isim versen olmaz mı?" dedi. Kendisine aklında bir isim olup olmadığını sordum, "Asuridler de" dedi ve bana sonra birkaç dakika içinde Asur İmparatorluğu'nun sınırları hakkında bilgi verdi. Ozan Ağabey jeoloji biliminin geleneklerini de iyi bilen bir insandı: Nasıl ki Kaledonidler adlarını İskoçya'nın Roma dönemindeki adı olan Kaledonya'dan, Hersinidler bir zamanlar tüm Orta Avrupa'yı kaplayan Hersinya ormanlarından almışlarsa, bizim de aynı geleneği sürdürmemizden daha doğal bir şey olamazdı. Bugün eskiden "Kenar Kıvrımları" denilen tektonik birliğe onun teklifi üzerine Asuridler diyoruz.

"Buradan ben Necdet (Özgül) Ağabey'lere gidip, gece onlarda kalacağım" dedim. "Onunla da makaleyi bir elden geçirmek istiyorum." "Çok iyi fikir" diye cevap verdi Ozan Ağabey. "Eminim Necdet hem Torosları hem de Orta Anadolu'yu senin için didik didik edecektir." Arkadaşının bilgisine olan bu güvende en küçük bir kıskançlığın, en küçük bir kendini üstün görme hastalığının izi yoktu. Gerçekten de Necdet Ağabey ile de makalede düzeltilmesi gereken pek çok şey bulduk ve onları yapıp ben İstanbul'a oradan da Amerika'ya döndüm.

Ozan Ağabey'in ekiplerinin Karadeniz Dağlarının orta kesimlerinde yaptıkları haritalama pek çok yeni veriyi ortaya çıkarmıştı. O yaz beni ve İhsan Ketin Hocamızı araziye davet etti, ekipleriyle birlikte bize yeni sonuçları gösterdi. O arazi gezisi esnasında Ozan Ağabey'in ve Hoca'nın akşam sohbetleri biz gençler için unutulmaz anılar oluşturmuştur. Türkiye'de jeoloji biliminin tarihçesinden çok önemli vinyetler sunmuşlardı bize.

O gezinin hemen akabinde Edinburgh'da Doğu Akdeniz'in jeolojisi hakkında bir toplantı yapıldı. O toplantıya ben, Yücel ve Ozan Ağabey, Türkiye'nin kuzeyinde, kalıntıları yeni bulunan okyanus hakkında bir tebliğ sunduk ve bu tebliğ uzunca bir makale olarak 1984 yılında benzerlerinin en eskisi olan Londra Jeoloji Derneği'nin bir özel yayınında çıktı. Yücel bana, "Ozan'ın adının olması, makalenin inanılırlığını artırıyor" demişti.

Edinburgh toplantısından bir-iki sene sonra, bir gün o zaman henüz Maçka'da olan eski Maden Fakültesi binasındaki jeoloji kürsüsüne geldim, kendi odama çıkmadan, mutadım olduğu üzere İhsan Hoca'ya bir günaydın demek maksadıyla yanına uğradım. Ne göreyim: İhsan Hoca odasında volta atıyordu! Bu daha önce hiç karşılaşmadığım bir haldi. Sabahları geldiğimde onu genellikle masasının başında Mahmut Efendi'nin yaptığı kahvesi eşliğinde ya bir şey okurken veya bir şey yazarken bulurdum. Belli ki Hoca o gün müthiş bir heyecan içindeydi. Beni görünce "Gel gel, bak sana ne hoş bir sürprizim var" dedi. "Dostumuz Ozan Sungurlu TPAO genel müdür yardımcısı olmuş." Hoca'nın o günkü mutluluğunu anlatmaya kelimeler yetmez. Kim bilir kafasından, Ozan Ağabey'in koruyucu kanatları altında Türkiye jeolojisinin geleceği için ne tatlı hayaller geçiyordu.

Özer Altan Bey'in umum müdürlüğü esnasında Houston'da yapılacak Uluslararası Petrol Kongresi'ne TPAO'dan çok üst düzey bir heyetin gitmesi kararlaştırılmıştı. Amaç, oradaki petrol şirketleriyle temaslar kurarak ortak bazı alanlarda çalışmaktı. Özer Bey beni TPAO danışmanı olarak o gruba kattı. Çok onurlanmış ve memnun olmuştum. Houston'da Ozan Ağabey ve zaman zaman Özer Bey'le birlikte muhtelif petrol şirketleriyle yapılan toplantılara katılıyorduk. Bu toplantılar esnasında anladım ki benim esas görevim danışmanlık falan değil, Ozan Sungurlu'nun tercümanlığını yapmaktı. Bir keresinde, (yanılmıyorsam Texaco'yu ziyaret ederken) bize yapılan sunumda muhtemel ortak alanların jeolojisi anlatılıyordu. Ben de anlatılanları hemen yanımda oturan Ozan Ağabey'e tercüme ediyordum. Ozan Ağabey bir ara bana doğru eğilerek "Burada kız isimli bir tuz formasyonu olacak. Neydi onun adı?" diye sordu. Hayretten ağzım açık bir şekilde, kurulmuş gibi "Louann Salt" diye cevap verdiğimi hatırlıyorum ama gerisini hatılamıyorum; o kadar şoke olmuştum. Ozan Ağabey

Meksika Körfezi kıta kenarının jeolojisini formasyon formasyon nereden ve nasıl öğrenmişti? Sorduğu soru önemliydi çünkü Louann Tuz Formasyonu petrol kapanları oluşturuyordu. O zaman kendisinin tercümanlığına tayin edilmiş olmanın, sıradan bir danışmanlık görevinden daha önemli ve daha onurlu bir iş olduğunu görerek daha da mutlu oldum. Bunu sonra Özer Bey'e de söyledim. O da gülümseyerek, "İyi oldu, değil mi?" dedi.

Ben 1986 yılında evlendim. Ozan Ağabey, Oya'yı tanıyınca, bana tahammül edebileceğine inandığı birisinin çıktığına çok memnun oldu ve bunu aynen Oya'ya da söyledi. O sene Temmuz ayında bana TÜBİTAK'ın Bilim Ödülü verildi. Törene hem İhsan Hoca hem de Ozan Ağabey gelmişlerdi. Tesadüf, ben törenden hemen sonra ateşlendim ve bizim Ankara'daki fabrikamızın misafirhanesindeki yatak odasına götürüldüm. Tabii benimle beraber Ankara'daki törene gelmiş olan Oya, annem, babam, kardeşim ve eşi de gelmişlerdi; ama bir baktım Ozan Ağabey de orada. Gülümseyerek bana baktı, "Ne o deli oğlan, nazar mı değdi?" dedi. Törenden sonra evine dönmek yerine, beni hasta yatağımda ziyarete gelmiş olması unutulamayacak anılarım arasındadır.

Bu mutlu olaylardan sonra müessif bir günde Ozan Ağabey'in araziye giderken pek feci bir trafik kazası geçirdiğini duyduk. Maalesef gösterilen tüm ihtimama rağmen bu büyük jeolog, bu muhteşem dost, bu gerçekten mükemmel sıfatına en layık insan, 50 yaşında, ailesini, bizi ve Türkiye jeolojisini öksüz bırakarak gitti. İhsan Ketin Hoca'nın üzüntüsünü burada kelimelerle ifade etmem imkânsızdır. Daha önce iki oğlunu kaybetmiş olan Hoca, sanki bir üçüncü evladını, bir kardeşini kaybetmişçesine helak olmuştu. Hem Türkiye'de jeolojinin geleceği için kurduğu hayalleri yıkılmış hem de çok sevdiği bir can dostundan olmuştu. Hoca'nın kendisi de onu bedbin eden bu feci olaydan dört yıl sonra kalkıp Ozan Ağabey'in yanına göçtü. Ben ve arkadaşlarım da Ozan Ağabey'in vefatının Türkiye yerbilimlerinin potansiyelinin yüzde ellisini alıp mezara götürdüğünde hemfikirdik.

O zamanki TÜBİTAK Başkanı Prof. Dr. Kemal Gürüz büyük bir kadirşinaslık örneği göstererek TÜBİTAK'ın bir hizmet ödülünün hemen o sene Ozan Ağabey'e verilmesini sağladı. Sanırım bu TÜBİTAK'ın akademi camiasının dışına çıkarak verdiği ilk hizmet ödülüydü.

Ozan Sungurlu'nun Türk bilim dünyasına yaptığı katkılar bu kısacık önsöze sığdırılamayacak kadar çoktur. Ömrü boyu hep akademik ortam dışında çalışmış olmasına rağmen, tüm akademisyen araştırıcı ve öğretmenlerin hayran olduğu, saygı duyduğu ve görüşlerine başvurduğu tavizsiz bir bilim insanıydı. Samimiyetinden ve dürüstlüğünden şüphe etmek mümkün değildi. Arzusu, adını duyurup şöhret kazanmak değil, tabiatı anlamaktı. Bu arzusunu paylaşanlara her zaman destek olmuş, yardım etmiştir. Benim jeolojik meslek yaşamımda herhangi bir başarım olmuşsa, bunda Ozan Ağabey'in katkısı çok büyüktür. Bugün bile İTÜ'deki odamda Ozan Ağabey'in portresi asılıdır; hem dinmeyen hasreti belki biraz küllendirebilmek hem de öğrencilerimize, genç meslektaşlarımıza bir abideyi gösterebilmek için.

Nur içinde yat büyük adam. Eminim vatanın ve bilim dünyası seni asla unutmayacaktır.

XVII

Bugüne Kadar Yaşamış En Büyük Jeolog 190 Yaşında

Eduard Suess (20 Ağustos 1831-14 Nisan 1914) 2021'de 190 yaşına bastı. Londra'da işleri gereği geçici bir süre ikamet eden Avusturyalı bir çiftin oğlu olarak dünyaya gelen Suess üç yaşında vatanına döndü (o zaman aile Prag'da yaşıyordu). Lise son sınıfa geçtiğinde babası, hasta olan bir akrabalarının fabrikasını devralmak üzere Viyana'ya taşındı. Çocukluktan itibaren ana dili Almancanın yanında iyi İngilizce, Fransızca ve Çekçe öğrenen Suess daha sonra ailesinin isteği üzerine Viyana Politeknik okuluna kaydoldu ama 1848 ihtilaline karıştığı için bir ay kadar hapsedildi ve daha sonra üniversiteyi bırakarak bugünkü muhteşem Viyana Doğa Tarihi Müzesi'nin atası olan Hofmineralienkabinett'te gönüllü olarak işe başladı. Büyük yeteneği görülünce müze onu maaşlı olarak işe aldı. Daha 20 yaşındayken üç yeni fosil tür (bir graptolit, iki brakiyopod, yani lamba kabuklu) keşfetmiş ve bunları yayımlamış bulunuyordu. Suess, müzedeyken yaptığı yayınlarla uluslararası bir şöhret edindi. 1857'de Avusturya'da jeolojinin çok fena bir şekilde öğretildiğini düşündüğünden, zamanın ileri görüşlü ve geniş kültürlü Eğitim ve Kültür Bakanı Kont Leo von Thun und Hohenstein'in desteği ile üniversiteye profesör olarak atandı.

Suess modern global jeolojinin babasıdır. Ona kadar jeoloji yerel bir bilimdi ve bunun tüm dünyanın bilimi olabilmesi için nasıl bir yöntem uygulanması gerektiği ortaya çıkarılamamıştı. Suess tüm dünyanın jeolojisini o zaman olabileceği kadarıyla detaylı olarak ele aldı ve 1883-1909 yılları arasında *Das Antlitz der Erde* (Yer'in Çehresi) adlı ölümsüz eserini yayımladı. Bu eser derhal İngilizce, Fransızca ve İspanyolcaya kısmen de İtalyancaya çevrildi. Hatta ilk bölümü Esperanto dilinde yayımlandı. Her jeolog; horst, graben, batolit, listrik fay, virgasyon, sintaksis, Zwischengebirge (Türkçeye bazen "ara masifler" olarak çevrilmiştir), önülke (forland) ardülke (hinterland), ön çukur, hinterland havzası, geri bindirme (retroşaryaj), tabla (daha sonra başkaları tarafından kraton denmiştir bunlara), östazi, Atlantik-tipi ve Pasifik-tipi kıt'a kenarları, Rus Platformu, Laurentia, Gondwana-Land, Angara-Land, Tetis, Alpidler, Altaidler, Varisk dağları, Kaledonya dağları, Doğu Afrika Rift vadileri, Sarmasyen Katı, azil (veya bugün yaygın olarak kullanıldığı şekliyle refujia) terimlerini bilir, bazılarını işinde, yayınlarında kullanır. Ancak kaçımız bunların hepsinin Suess tarafından ortaya atılmış kavramlar ve terimler olduğunu biliriz?

Suess aynı zamanda 30 yıl Avusturya İmparatorluk Meclisi'nde milletvekilliği yapmış, Viyana'ya kaliteli içme suyunun getirilmesini sağlayan meşhur Yüksek Pınarlar Su Sistemi (Hochquellenwasserleitung) ve Viyana'yı sık sık etkileyen Tuna taşkınlarına çare olarak da Tuna Kanalı'nın yapılması (Donauregulierung) gibi projeleri planlayıp gerçekleştirilmesini sağlamıştır. Bu projelerin gerçekleşmesi sonucunda Viyana'da tifo ve kolera gibi hastalıklar geçmişte olan vakaların yüzde onlarına, beşlerine düşmüştür. Suess bu iki projeyi hayatının en önemli başarıları olarak görmüştür. Tüm bunlara neden olan *Viyana'nın Temeli ve Bunun Yurttaşların Yaşam Kalitesine Etkisi* adlı kitabı olmuştur (1862). Bu kitap bütün dünyada şehir jeolojisinin kuruluş belgesi kabul edilir. Suess ayrıca Avusturya'da ilk ve orta öğretimin kilisenin etkisinden kurtarılması için büyük çaba göstermiştir.

Suess'ün Melchior Neumayr, Franz Toula (Atatürk'ün bindiği Bandırma gemisinin elimizdeki tek fotoğrafını çeken kişi), Gustav Arthaber, Leopold Kober gibi öğrencilerinin Türkiye jeolojisine katkıları büyük olmuştur (mesela Toula, Türkiye'de Triyas'ın varlığını ilk bulan kişidir; Kober güneydoğu Anadolu'daki bindirmeleri keşfetmiştir). 190. yaş gününü kutlarken bu büyük jeoloğun ve büyük insanın tüm gençlerimize örnek olmasını dilerim.

XVIII

Werner Finck'in Politik Hicvi

Bu satırlarda Alman komedyen, aktör ve yazar Werner Finck'i (1902-1978) hatırlatmak gereğini duydum. Finck, özellikle Nazi Almanyası döneminde ülke yöneticilerine yöneltti̇ği hicivlerle büyük şöhret yapmış, özgürlüğüne dokundurtmadığı gibi, ceza da almamıştır. Bir günlüğüne işgüzar polisler tarafından Ersterwegen konsantrasyon kampına yollanmış fakat sık sık hicvettiği Hermann Göring'in emriyle derhal tahliye edilip, hürriyeti kendisine iade edilmiştir. Aşağıda sadece iki kabare skecine yer veriyoruz (önce Almanca orijinal, sonra Türkçe tercüme. Almanca orijinali vermemin nedeni orada Finck'in yaptığı şahane kelime oyunlarıdır):

1- Finck elinde Hitler'in çerçeveli bir portresiyle sahneye çıkar:

"Ich kann mich nicht entscheiden: soll ich ihn aufhängen oder an die Wand stellen?"

(Karar veremiyorum: Onu asayım mı, yoksa duvara mı dayayayım?)

Burada "duvara dayamak" (=an die Wand stellen) iki anlamlıdır: Duvara dayamak aynı zamanda kurşuna dizmek demektir! Aynı zamanda aufhängen (=asmak) portreyi duvara asmak olarak da anlaşılabilir, Hitler'i idam etmek olarak da anlaşılabilir.

2- Finck elinde üç domuz heykelciği ile sahneye çıkar. Domuzların ikisi büyük, biri küçüktür:

"Hier ist die Familie Mann. Dies ist das Kind Mann; dies die Frau Mann; und hier ist der Herr Mann."

(Bu Mann ailesi. Bu çocuk Mann, bu Bayan Mann, bu da Bay Mann.)

Burada Bay Mann da çift anlamlıdır: Herr Mann hem Bay Mann olabilir hem de Hermann olarak Hermann Göring'i kastediyor olabilir. Yani Göring'e "domuz" denmiş olabilir ki bu Almancada hakarettir.

Finck'in buna benzer nice kelime oyunlarıyla Nazi büyüklerini tiye aldığı hatta onları hakaret sayılabilecek sözlerle aşağıladığı skeçleri vardır. Halk Kültürü ve Propaganda Bakanı Dr. Goebbels'in tüm çabalarına rağmen Finck tutuklanmamış hatta cephedeki askerleri eğlendirmek için gönüllü olmuş, Fransa, Rusya ve İtalya cephelerinde görev yaparak meşhur Demir Haç (Eiserner Kreuz) nişanını kazanmıştır. Cephedeki hicivleri Goebbels'i sinirlendirmiş, Goebbels Finck'in Gestapo'ya teslim edilmesini istemişse de bunu gerçekleştirememiştir.

Bakan Nebati hakkındaki bir hicviyenin yayımlanamadığını duyunca aklıma Finck geldi. Acaba özgürlükte Nazi Almanyası'nın da mı ardına düştük? Ama buna inanamam. Herhalde yetkililer derhal Show TV ile temasa geçerek yayımlamadıkları bu parodiyi yayımlamalarını isteyecek ve hükümeti halkın nezdinde küçük düşürdükleri için hem hükümetten hem de halktan özür dilemelerini söyleyecektir.

XIX

Ufuk Güldemir Yaban Hayatı Müzesi

Bir gün, Türkiye'nin gerçek doğa âşıklarından ve bilimi sadece ve sadece bu aşkı yüzünden yapan pek ender bilim insanlarından biri olan sevgili arkadaşım Prof. Mehmet Sakınç elinde bir broşürle geldi. Keyfi yüzünden belli olan aziz arkadaşımın keyfinin niçin bu kadar iyi olduğunu broşüre bakınca anladım: İstanbul Teknik Üniversitesi'nin Ufuk Güldemir Yaban Hayatı Müzesi bitmek üzere, yakında açılacak.

Ufuk Güldemir Vakfı'nın İTÜ'ye sağladığı imkânlarla enfes ve yepyeni bir binada oluşturulan bu müze bir güncel yaşam ortamları müzesidir. Bu müzede büyük çoğunluğu memeli hayvanlardan oluşan doldurulmuş örnekler doğal yaşam ortamlarında diyoramalar halinde ziyaretçilere sunulacaktır. Bu doğal yaşam alanları 9 biyoma bölünmüş olarak oluşturulmuştur: Tundra (donmuş topraklar biyomu), tayga (kuzey iğne yapraklı ormanlar biyomu; yani boreal orman kuşağı), otlaklar (yağış alan bu bölgeler Kuzey Amerika'da Mississippi düzlükleri, Güney Amerika'da Pampalar, Afrika'da Sahel denilen Sahra'nın güneyini kaplayan kuşak), savanna biyomu (Avrasya'da step, Kuzey Amerika'da Prairie, Güney Amerika'da Serrado denilen yarıkurak otlak alanlar. Doğu Afrika büyük ölçüde bu biyomun bir parçasıdır). Yapraklarını döken ormanlar biyomu (Bol yağış alan ılıman iklim alanlarıdır. Genellikle kıtaların doğu kenarlarını oluşturmasına rağmen Avrupa'nın orta bölgeleri bu biyomun içindedir. Türkiye'de bilhassa Doğu Karadeniz ile Trakya'nın Karadeniz'e bakan yamaçları bu biyom içindedirler). Akdeniz biyomu (hem Akdeniz'in sahil kesimlerini hem Kuzey Amerika'da özellikle Sierra Nevada batısında Kaliforniya ve Oregon'u, Güney Afrika sahillerini ve Avustralya'nın batısını oluşturur), tropik ormanlar biyomu (yağmur ormanları da denilen bu yaşam alanı dünyamızın ciğerleridir), Alpin biyom (adını Alpler'den alan bu yaşam alanı genellikle yüksek dağlarda ağaç sınırının üstündeki soğuk alanları oluşturur) ve çöl biyomu (dünyamızın büyük çölleri bu biyomun parçalarıdır).

Söylemeye gerek yok ki, bu müze İstanbul'un ilk kapsamlı doğa tarihi müzesidir. Bunun için merhum Ufuk Güldemir (1956-2007) ve arkadaşlarına ne kadar teşekkür etsek azdır. Onlar gelecek nesillerde yetişecek doğa bilimcilerimizin manevi hocaları olmuşlardır.

Ama Mehmet'in sevinci sırf bu yüzden değildi: "Fatma" dedi (yani Maden Fakültesi dekanımız Prof. Fatma Arslan), "Naci'nin (yani eski dekanlarımızdan Prof. Naci Görür) zamanında başlatmış olduğu koridor mineraloji ve petrografi müzesine el attı. Çok güzel yeni mineraller gelmiş. Teşhire başlıyoruz. Fatma'yı kutladım."

Tabii bu arada bir de Mehmet'in kelimenin tam anlamıyla kendi elleriyle hiç yoktan oluşturduğu pek enfes bir paleontoloji müzemiz var.

Mehmet Ufuk Güldemir Yaban Hayatı Müzesi'ni çevreleyen ormanın ve göletin de birer açık hava müzesine dönüşeceği, burada mahalli bitki türlerimizin yetiştirileceğini anlattı. "Zaten" dedi, "Necmi bizim oranın bir herbarium'unu oluşturdu."

Sevgili okuyucularımız bu ne demektir bilir misiniz? İTÜ adım adım giderek bünyesinde İstanbul'un (ve Türkiye'nin) acil ihtiyaçları arasında olan bir doğa tarihi müzesi oluşturmuştur ve bunu geliştirmeye kararlıdır. Burada bu işi başlatan ve sürdüren eski rektörlerimiz Faruk Karadoğan ve Muhammed Şahin'i şükranla anmam gerekir. Ama o dönemdeki rektörümüz, sevgili arkadaşım Mehmet Karaca'nın buradaki rolü en büyüktür. Mehmet 2013'te İTÜ'de bir yeşil kampüs projesi başlatmıştı. Bakın, Sakınç'ın getirdiği broşüre yazdığı önsözde ne diyor Rektörümüz: "Doğaya sahip çıkan ve bu yönüyle sadece Türkiye'de değil uluslararası düzeyde model olmayı hedefleyen İTÜ, yeşile, hayvanlara, çevre temizliğine, geri dönüşüme, engelli bireylere ve doğal yaşama duyarlılığını gösteren bir dizi çalışma yürütmektedir." Mehmet Sakınç İTÜ'ye geldiği andan itibaren, son çeyrek yüzyıldır müze de müze diye çırpınıyordu. Nüzhet de (İTÜ Avrasya Enstitüsü müdürü Prof. Nüzhet Dalfes) Mehmet'e her fırsatta alkış tutup "bu iş önemlidir" mesajını her yerde haykırıyordu. Emekli olduğu halde Rektör Mehmet Karaca adaşı Mehmet'i bırakmadı, maaşsız müze koordinatörü olarak atadı. Sakınç da zevkle kabul etti. Bilim aşkı işte böyle bir şeydir. Parayla satılmaz da alınmaz da.

Sevgili okuyucularımız, İTÜ'ye gelin, çocuğunuzu, torununuzu, arkadaşınızı, yavuklunuzu getirin, tabiat tarihine açılan kapılarımızı çalın. Mehmet Sakınç ve takımı sizi zevk ve şevkle gezdirerek gezegenimizin güzelliklerini anlatacak, sizi mutlu edeceklerdir. Gerçekten örnek bir rektör olan Mehmet Karaca'yı da kutlayın, kucaklayın. İki Mehmetler ve çevrelerindeki arkadaşları İTÜ'nün merhum ve şehit kurucularının ruhlarını şâd etmektedirler. Sağ olsunlar var olsunlar. Yarattıkları müzeler oradan buradan kopya değil, İTÜ'nün bağrından, ülkemizin ihtiyaçlarından çıkan kurumlardır.

XX

Denizler Altında Yirmibin Fersah'ın Nihai Baskısı

ABD Deniz Kuvvetleri Enstitüsü (U.S. Naval Institute) 1993 yılında Jules Verne'nin *Denizler Altında Yirmibin Fersah* (*Vingt Mille Lieues sous les Mers*) adlı meşhur romanının yeni bir İngilizce tercümesini yayımlamış.[1] Benim bu tercümeden geçen ay haberim oldu ve derhal bir nüsha ısmarladım. Bu tercümeye olan ilgimin sebebi, tercümeyi yapan Amerika'nın en önde gelen Verne uzmanlarından Walter James Miller ve Jules Verne meraklısı yazar, aktör ve sunucu Frederick Paul Walter'ın tercümeye başlamadan önce romanın tüm yayımlanmış şekillerini elden geçirmiş olmalarıydı. Malum, romanın kitap halinde ilk baskısı 1871 yılında Verne'nin tüm kitaplarını basan meşhur Jules Hetzel tarafından yapılmıştır. Ancak 20 Mart 1869 ila 20 Haziran 1870 yılları arasında roman, Hetzel'in çıkardığı *Magasin d'Éducation et de Récréation* (=Eğitim ve Boş Zamanları Değerlendirme) dergisinde tefrika edilmiştir. Amerikalı

1 Tercümenin tam künyesi: Verne, Jules, 1993, *Jules Verne's Twenty Thousand Leagues Under the Sea*, the definitive, unabridged edition based on the original French texts; newly translated and annotated by Walter James Miller ve Frederick Paul Walter: Naval Institute Press, Annapolis, XXIV+392 s.+ 2 harita.
Temiz bir ikinci el nüshanın fiyatı 5 Amerikan dolarına kadar inebiliyor. Bu da kabaca 95 Türk lirası ediyor ki, Türkiye'de satılan pek çok ikinci el kitaptan daha ucuz.

mütercimler fark etmişler ki, dergide yayımlanan metinde olan bazı pasajlar, kitap halinde çıkan metinde yok. Torunu Jean-Jules Verne'nin bildirdiğine göre bu kesintiler Jules Verne'e haber verilmeden yapılmış ve yazarı çok kızdırmış. Daha sonra Hetzel romanın küçük bazı düzeltmelerle ikinci bir baskısını yayımlamış. 1923'te Hachette Yayınevi romanın iki cilt halinde yeni bir basımını yapmış. Bu basım 1871 baskısının kırptığı bazı kısımları içermemekle birlikte, dergide çıkan ama 1871 baskısına alınmayan bazı detayları içeriyor.

Tüm bu gelişmeleri göz önüne alan Amerikalı mütercimler yayımlanmış tüm metinleri toparlayıp eleştirel bir gözle bir "nihai baskı" (definitive edition) yapmaya karar vermişler ve bu iş için Paris'teki Jules Verne Derneği başkanı Dr. Olivier Dumas, DePauw Üniversitesi'nden Prof. Arthur B. Evans, ABD Kongre Kütüphanesi'nden Dr. Brian Taves, Amerikan Deniz Kuvvetlerinden Steve Michaluk ve New Jersey'den Sidney Kravitz gibi hatırı sayılır Jules Verne otoritelerinden de yardım almışlar.

Mütercimler bununla da yetinmeyerek Jules Verne'nin metnini pek çok açıklama içeren dipnotlarla zenginleştirmişler. Bu dipnotlarda, romanda, ya yayımcının adamlarının dikkatsizliği veya Jules Verne'nin bizzat yaptığı bazı sayısal yanlışlara da dikkat çekip bunların muhtemel sebeplerini anlatarak onların doğru şekillerini belirtmişler. Jeoloji ve biyoloji konusunda uzmanlardan yardım isteselerdi, kuşkusuz bazı dipnotları daha zengin, daha az yanlışlı olabilirdi ama her şeye rağmen, bu konulardaki eksik ve yanlışları çok önemli değil. Bu arada, bugüne kadar yapılan tüm İngilizce tercümelerin aslında ne kadar kötü olduğunu ve onlara dayanılarak yapılan tüm sözüm ona "bilimsel" Jules Verne eleştirilerinin ne kadar zırva olduğunu da öğreniyoruz.

Romana yazılan bir giriş, bütün bu bilgiler yanında, Jules Verne'nin hangi öngörülerinin gerçekleştiği, hangilerinin de kuşkusuz yakın zamanda gerçekleşeceği konusunda ilginç bir irdeleme içeriyor. Buradan, 1871'deki ilk kitap baskısında bulunan tüm şekillerin bu yeni tercümeye alındığını da öğreniyoruz (Şekil 23[1] ve 24[2] bunlara iki örnek sunuyor). Kitabın sonuna konmuş olan "Ek" *Esrarengiz Ada* (=*L'Île Mystérieuse*, 1875) romanında bulunan Kaptan Nemo'nun biyografisinin de bir tercümesini içeriyor.

Bu haliyle, belki de Verne'nin en meşhur romanının en iyi baskısı ortaya çıkmış oluyor. Dolayısıyla Fransızca biliyor olsanız bile, eğer *Denizler Altında Yirmibin Fersah*'ı bir defa daha etraflı bir şekilde okumak, Kaptan Nemo'yu daha yakından tanımak istiyorsanız, bu tercümeyi hararetle tavsiye ederim. Özel bir kuruluş olmakla beraber, ABD Deniz Kuvvetleri'nden emekli olmuş personel tarafından daha 1873'te kurulmuş olan ve günümüze kadar, Donanma ile hep çok yakın ilişkiler içinde bulunan ABD Deniz Kuvvetleri Enstitüsü'nün bu eserin basımını üstlenmiş olması hiç kuşkusuz Verne'nin ölümsüz eserinin günümüzde de devam eden önemini vurguluyor.

Keşke birisi bunu Türkçede tercüme etse. Ama günümüzde, hatta ülkemizin, TÜBİTAK dahil, anlı şanlı yayınevleri tarafından yaptırılan tercümeler o kadar kötü ki, bazen de içimden "aman bunu da rezil etmesinler" demek geliyor. [3]

---

1 Şekil 23 için bkz. elinizdeki kitap, s.136. (Y.N.)

2 Şekil 24 için bkz. elinizdeki kitap, s.136. (Y.N.)

3 Çeviri kelimesi Türkçede tercüme karşılığı olarak kullanılmaktadır. Bu tamamen yanlıştır çünkü çeviri, bir dildeki bir kelime ve/veya bir ifadeyi, bir başka dile döndürmek ("çevirmek") demektir. Tercüme ise basit bir döndürme işleminden daha fazlasını dile getirir. Bunu tercüme kelimesinin geçmişine bakarak görebiliriz. Tercüme kelimesi Türkçeye Arapça مجرت (tarcama) sözcüğünden alınmıştır. Bu kelime İbranice פגרת (tircem) ve Aramca פגרת (tarcem) kelimeleriyle eşanlamlıdır ve hepsi yorumlamak, bir şeyi dile getirmek, iddia etmek, bir şeyi incelemek anlamlarına sahiptir. Tercüme ve çeviri kelimelerinin anlamları gereği, Musevîlerde Tevrat "çevrilmez", bir ומגרותמ (məturcəmān) tarafından "tercüme" edilir. Bu gelenek Müslümanlara da geçmiş ancak Türkler arasında Kur'an'ın "tercüme edilemeyeceği" ancak mealinin dile getirilebileceği gibi tamamen yanlış bir görüş oluşmuştur. Halbuki meal, Arapça döndürmek demek olan *alâ* kökünden gelen ve çevirme anlamındaki bir ifadedir; tercüme ise yorumlamak, anlayıp anlatmak demektir. Din adamı birinciyi değil, ikinciyi yapar. Onun için ben yukarıdaki yazımda, dilimizde giderek hızlanan yozlaşmaya katkıda bulunmamak için çeviri değil tercüme, çevirmen değil mütercim kelimelerini kullandım.

XXI

Bilime Niçin Güvenilmeli?

Harvard Üniversitesi bilim tarihi profesörü Naomi Oreskes hem ABD Temsilciler Meclisi'nin kurduğu "petrol endüstrisinin iklim değişimi hakkındaki gerçeği gizlemek için yaptıkları" konusunu inceleyen bir alt-komite önünde hem de ABD Senatosu'nun oluşturduğu ve "kara para ve iklim eylemi önündeki engeller" konusunu irdeleyen özel bir komite önünde bilime niçin güvenilmesi gerektiğini anlattı. Prof. Oreskes içinde bulunduğumuz yılda Princeton Üniversitesi'nin daveti üzerine orada verdiği Tanner Konferansları'na dayanan ve Princeton Üniversitesi Yayınevi tarafından yayımlanmış olan *Why Trust Science* (Bilime Niçin Güvenilmeli?) başlıklı bir kitabın yazarıdır. Bu kitapta iklim değişimi hakkında kendi ülkesindeki ABD Başkanı Donald Trump dahil bazı politikacıların bilimin itibarına saldırmayı politik bir strateji haline getirdiklerini anlattı. Amerikan Kongresi'nin iki kanadının birden bir bilim tarihçisini davet ederek bilimin niçin güvenilmesi gereken bir faaliyet olduğunu kendilerine anlatmasını istemesi bilim tarihinin güncel politika gibi toplumsal konularda dahi ne kadar önemli olduğunun altını çizmektedir. Ayrıca ABD Kongresi üyelerinin kendi ülkelerinde bilim tarihi üzerine yapılan çalışmaları ne kadar yakından takip ettiklerini ve bundan yararlanmak istediklerini yaptıkları bu davet göstermektedir. İngiliz *The Guardian* gazetesi 3 Kasım 2019 tarihli sayısında Prof. Oreskes ile uzun bir röportaj yayımlamıştır. İsteyenler https://www.theguardian.com/science/2019/nov/03/naomi-oreskes-interview-why-trust-science-climate-donald-trump-vaccine adresinden bu röportaja ulaşabilirler.

Princeton University Press'in Oreskes'in kitabı hakkındaki tanıtım yazısı:

Do doctors really know what they are talking about when they tell us vaccines are safe? Should we take climate experts at their word when they warn us about the perils of global warming? Why should we trust science when our own politicians don't? In this landmark book, Naomi Oreskes offers a bold and compelling defense of science, revealing why the social character of scientific knowledge is its greatest strength-and the greatest reason we can trust it.

Tracing the history and philosophy of science from the late nineteenth century to today, Oreskes explains that, contrary to popular belief, there is no single scientific method. Rather, the trustworthiness of scientific claims derives from the social process by which they are rigorously vetted. This process is not perfect-nothing ever is when humans are involved-but she draws vital lessons from cases where scientists got it wrong. Oreskes shows how consensus is a crucial indicator of when a scientific matter has been settled, and when the knowledge produced is likely to be trustworthy.

Based on the Tanner Lectures on Human Values at Princeton University, this timely and provocative book features critical responses by climate experts Ottmar Edenhofer and Martin Kowarsch, political scientist Jon Krosnick, philosopher of science Marc Lange, and science historian Susan Lindee, as well as a foreword by political theorist Stephen Macedo.

(Doktorlar bize aşılar güvenilirdir derken neden bahsettiklerini gerçekten biliyorlar mı? İklim uzmanları bize küresel ısınmanın felaketlerinden bahsettikleri zaman onlara inanmalı mıyız? Politikacılarımız güvenmedikleri halde biz bilime niçin güvenelim? Bu çok önemli kitabında Naomi Oreskes bilimin sosyal karakterinin onun en önemli gücü olduğunu göstererek bilimin cesur ve inandırıcı bir savunmasını sunmaktadır. Bu, bilime güvenmemiz için en önemli sebeptir. Bilim tarihini ve felsefesini 19. yüzyıldan günümüze doğru izleyen Oreskers, genel kanının tersine bilimin tek bir yöntemi olmadığını anlatmaktadır. Bilimsel iddiaların güvenilirliği onların sıkı bir şekilde tartışıldığı sosyal süreçten kaynaklanmaktadır. Bu süreç elbette mükemmel değildir -insanoğlunun dahil olduğu hiçbir şey asla mükemmel olamaz- ama Oreskes bilim insanlarının yanıldıkları durumlardan da yaşamsal dersler çıkarmaktadır. Oreskes mutabakatın bilimsel bir konunun karara bağlandığının en önemli göstergesi olduğunu anlatmakta ve ne zaman üretilen bilginin güvenilir olduğunu gösterdiğini söylemektedir.

Bu çok zamanında yapılmış ve kışkırtıcı eser Princeton Üniversitesi'nde İnsani Değerler hakkındaki Tanner Konferansları'na dayanmakta ve iklim bilimciler Ottmar Edenhofer ve Martin Kowarsch'ın, siyaset bilimci Jon Krosnick'in, bilim felsefecisi Marc Lange'nin ve bilim tarihçisi Susan Lindee'nin eleştirel yorumlarıyla beraber siyasal kuramcı Stephen Macedo'nun bir önsözünü içermektedir.)

Sert kapaklı; Fiyat: $24.95/£22.00 ISBN: 9780691179001; yayımlanma tarihi: 10/22/2019; telif hakkı tarihi: 2019; sahife sayısı: 376; boyut: 5.5 x 8.5 in. şekiller: 2 siyah beyaz şekil ve bir tablo.

XXII

Türkiye'de Bilimsel Haberler Nasıl Saptırılıyor?

Bazı gazeteler haber yapıyor: "Evrimi zora sokan keşif." Merakla haberi okuyorsunuz, bir de bakıyorsunuz ki haber, *Eosinopteryx brevipenna* adı verilen yeni bulunmuş bir dinozor fosili ile ilgilidir. Bu haber ve bulunan dinozorun, daha önce bulunan pek çok tüylü dinozordan çok daha önce yaşamış olduğunun kanıtıdır. (bkz. Godefroit, P., Demuynck, H., Dyke, G., Hu, D.; Escuillié, F. O., ve Claeys, P., 2013, "Reduced plumage and flight ability of a new Jurassic paravian theropod from China": Nature Communications, v. 4, s.1394.)

Bu buluşun söylediği tek şey, kuşlara çok benzeyen bu 30 cm boyundaki dinozorun, kuşlara çok daha az benzeyen ve kendinden milyonlarca yıl sonra yaşamış olan dinozorlardan çok daha yaşlı olduğudur. Eee? *Archaeopteryx*, yani ilk gerçek kuş da *Eosinopteryx*'den daha yaşlıdır! Bu buluş evrimi (tabii burada bizim gazetecilerin kastettiği şey evrim kuramıdır) nasıl zora sokar gelin de anlayın. Gerek *Archaeopteryx* ve gerekse de başka bir çok dinozor/kuş soyu belirli bir merhaleden sonra yok olmuştur. Mesela ilk kuş olarak bildiğimiz *Archaeopteryx*, bugünkü kuşların atası değildir. Aynı şekilde, büyük bir olasılıkla *Eosinopteryx* de bugünkü kuşların atası değildir. Bunun gösterdiği ise bırakın evrimi zora sokmayı, bilakis tam da Darwin'in savunduğu türde plansız programsız, tamamen tesadüflere bağlı bir evrim sürecinin doğada var olduğunun belirtisidir. Pek çok canlı belirli doğa koşulları altında benzer görünümler kazanırlar. Buna yakınsayan evrim (=convergent evolution) denir. Bu yakınsama süreci içinde bazı soylar yok olur, diğerleri evrimlerini sürdürürler.

Haber Başlıklarının Çıkış Noktası

Peki bizim gazetelerdeki saçma sapan haber başlıklarının kökeni nedir? Ne olacak, gazetecilerimizin zır cahil olması! Bunlar bilgilerini artık internetten devşirmektedirler. İnternette *Eosinopteriyx* ile ilgili haberlerin bazı başlıkları şunlardır: "Kuşlara bakışımızı değiştirecek dinozor", "Kuş-Dinozor Eosinopteryx'in bulunuşu kuş evrimi kuramına bir meydan okumadır". Bu başlıklar doğrudur, çünkü *Eosinopteryx* bugün revaçta olan kuş evrimi kuramını değiştirerek yeni bir kuş evrimi şeması oluşturulmasını gerekli kılmış, bunu yaparken de genel evrim kuramına çok güçlü bir destek sunmuştur. Bunu "evrimi zora sokan keşif" diye sunmak eğer bir kötü niyetin eseri değilse düpedüz zır cahilliğin eseridir. Bu haberi yapan gazeteci telefonu açıp bu haber hakkında herhangi bir uzmana danışmak gereğini görmediği gibi onu yayımlayan gazetenin sorumlu yazı işleri müdürü de böyle bir şeye gerek duymamıştır. Çünkü kendisi de zır cahil muhabirinden daha bilgili değildir.

Gazete Muhabiri Uzmandan Fikir Almalı

Burada bir yanlış anlaşılmaya engel olabilmek için hemen altını çizeyim: Her gazete muhabiri bir omurgalı paleontolojisi uzmanı olmak zorunda değildir. Ama bilimsel bir haber yapmaya kalkışan bir gazete, o konuda hangi uzmandan fikir alabileceğini, en azından böyle bir başlık atılmadan önce bir mütehassısa başvurulması gerektiğini bilmelidir. Ama bu, vasat da olsa bir tahsil ve uygar bir toplum geleneği gerektirir ki Türkiye'de bunların ne biri ne de diğeri vardır. Bunların olmadığı bir yerde ise kuş evrimi kuramını değiştirecek bir buluşu "Evrimi zora sokan buluş" diye haber yapıverirsiniz.

• EKLER •

I

Türkiye'de Kurumsal Olarak Bilim Yok

Aptalı Tanımak **adlı kitabınızdan konuşmadan önce sizi biraz daha yakından tanıyalım istiyorum.**

1955 yılında İstanbul'da doğdum. Lisenin sonuna kadar İstanbul'da okudum. Işık Lisesi'nde ortaokulu, Robert Academy'de liseyi bitirdim. Sonra Almancamı ilerletmek için Almanya'ya gittim. Münih ve Berlin'de kaldım. Sonra sekiz sene Amerika'daydım. Sekiz sene lisans, yüksek lisans ve doktora yaptım. Ondan sonra İstanbul Teknik Üniversitesi Maden Fakültesinde İhsan Ketin'in asistanı oldum. 1986 senesinde doçent, 1992 senesinde profesör oldum.

Bildiğim kadarıyla çeşitli ödülleriniz var...

Evet çeşitli ödüller aldım bütün dünyadan. En son Avusturya Bilimler Akademisi'nin Muhabir Üyesi oldum. Amerika Bilimler Akademisi üyesiyim, Rus Bilimler Akademisi, Avrupa, Almanya, Avusturya Bilimler Akademisi üyesiyim. Fransızlar bana yerbilimleri dalında büyük ödülleri olan Lutaud Ödülü'nü verdiler. Collège de France'da misafir profesörlük yaptım bir sene. Asistanken TÜBİTAK'ın Bilim Ödülü'nü aldım. Hâlâ bu ödülü alan en genç kişiyim.

Böylesi kültürlü ve zeki bir insanın çocukluğu nasıl geçmiştir acaba?

Çok rahat bir çocukluk geçirdim. Ben zengin bir ailenin çocuğuydum. Dolayısıyla istediğim önümde istemediğim arkamda bir çocukluğum oldu. İki kardeşiz. Kız kardeşimle çok fazla oyun oynamadık çünkü ev geniş ve herkesin kendine dönük bir dünyası vardı. Benim dünyama bilim çok erken girdi. Bana çocukken ailem sordu büyünce ne olacaksın diye. Ben de dedim ki "Ben taşlarla, kemiklerle uğraşan bir adam olacağım." Ben bu işe meraklandığım zaman bu bilimin adı nedir onu bile bilmiyordum.

Jeolojiye olan merakınız nasıl başladı?

Jules Verne'in *Arzın Merkezine Seyahat* kitabını okuduğum günden itibaren sevmeye başladım. Hemen arkasından *Denizler Altında Yirmibin Fersah*'ı okudum. Orada Kaptan Nemo'ya hayran oldum. Onu da okuduktan sonra kendi kendime, "Adam olmak demek, Jules Verne'in tarif ettiği gibi olmak demektir" diye düşündüm. Bana jeolojiyi Jules Verne sevdirdi.

Jeolojiden konuştuk ve ben biraz da tarihten bahsetmek istiyorum. Geride bıraktığımız hafta İstanbul'un fethinin 552. yılı kutlandı. Bu seneki kutlamalar her zamankinden farklı olarak siyasi bir kimliğe de büründü. Fatih Sultan Mehmet üzerinden yürütülen bu siyasi gösteriler hakkında ne düşünüyorsunuz?

Fatih medeniyeti anlamış; yani uygarlık nedir, nereye gidiyor. Bir kere Fatih'in ilk yaptığı işlerden biri kendi hocaları bile din üzerinden devlete karışmak isterlerse engel oluyor. Yobazları yanından uzaklaştırmıştır. Avrupa'nın bazı konularda bizden çok ileri olduğunu fark etmiş Fatih ve hemen bütün kitapları tercüme ettirmiş. Fatih'in tercüme ettirdiği kitaplar daha sonra çürümüş, kimse bakmamış Topkapı'da. Fatih Sultan Mehmet, Gentile Bellini'yi çağırıyor kendi resmini yaptırtıyor. Oğlu olacak Bayezid II o resmi Saray'dan attırıyor. O resim bugün biliyorsunuz İngiltere'de, İngiliz elçisi tarafından bir sokak satıcısından çok cüzi bir paraya alınmış.

Jeoloji dışında başka bir mesleği yapmayı düşünmediniz mi hiç?

Ortaokulda bir ara subay olmayı düşündüm; hava subayı. Ailemin Hava Kuvvetleri ile çok yakın ilişkileri vardı. Ben de beş yaşında maskotluk yaptım. Tayyarelere âşık oldum. 1968-1972 yazlarını hep Yeşilköy'deki Hava Harp Okulu, Eğitim İrtibat ve Manş kıtasında geçirdim. Ve o kadar sevdim ki tayyareleri şöyle bir plan yaptım: Ben subay olurum, jeoloji de hobi olarak kalır yanımda onu da yaparım. Ama sonra gözlük kullanmaya başladım ve benim hava subayı olma hayalim çöktü.

Neden yurtdışında kalmadınız?

Bana birkaç teklif yapıldı. Beni isteyen adamlar çok büyük adamlardı ve Chicago, Columbia ya da Cornell gibi çok iyi üniversitelere çağırıyorlardı. Chicago beni istediğinde daha doktoramı bile bitirmemiştim. Ben onlara dedim ki, "Çok mutlu oldum, onur duydum, ama bana ne verebilirsiniz İstanbul'un veremeyeceği?" Ortaya çıktı ki tek verebilecekleri şey para. Dedim benim param var, ben zaten zengin bir adamım. İstediğim araştırmayı yapacak kadar param var. Dolayısıyla Türkiye sizden daha cazip her şeye rağmen.

Türkiye'deki bilimi nasıl değerlendiriyorsunuz?

Türkiye'de kurumsal olarak bilim yok, kişisel olarak bilim var. Kurumlaştıramamışız. Bunu kurumlaştıramamış olmamızın sebebi bir geleneğimizin olmaması. Bilim geleneği, üniversite geleneği yok. Dolayısıyla bu çok zor. Yani düşünün bir üniversite yüz senede oluşuyor. Türkiye'de yüz seneden yaşlı iki üniversite var. En eskisi İstanbul Teknik Üniversitesi (1773) sonra İstanbul Üniversitesi (1900).

Çalıştığınız üniversiteler?

State University of New York At Albany, ABD Lisans, Yüksek Lisans, Doktora, Collège de France, Fransa, Misafir Profesör, Oxford Üniversitesi, İngiltere Misafir Profesör, Caltech,

ABD Misafir Profesör, Salzburg Lodron-Paris, Avusturya Misafir Profesör, İstanbul Teknik Üniversitesi Öğretim Üyesi olarak çalıştım, şimdilik 34 senedir buradayım.

Kütüphaneniz çok güzel, kaç kitabınız var?
Yaklaşık 30.000'in üzerinde kitabım var.

***Aptalı Tanımak* başlıklı kitabı çıkarmanızın sebebi nedir?**
Türkiye'nin büyük sıkıntılarından bir tanesi gerçek değerlerini tanıyamıyor olması. Bir sürü aptalı akıllı zannediyor. Bir sürü cahili âlim zannediyor. Buna mani olabilmek ve küçük bir katkıda bulunabilmek istedim. Bunu okuyan insanlar "ya bir dakika" diye düşünürler ümidini taşıyorum. Türkiye'de yalancı bir entelektüel grubu var. Ortalıkta dolaşıyor. Bilhassa halkı bunlara karşı korumak lazım.

Türkiye'deki yalancı entelektüel grup kim?
İsim olarak değil sınıf olarak vereyim. Gazeteciler, üniversite profesörleri, politikacılar, sanatçılar arasında var. Bunların unvanları var. Sanatçı, akademisyen, gazeteci. Gazeteyi okuyun bugün: Türkçe kalmadı; Türkçe yazmayı bilen adam yok. Bir felaket. Sanatçı diyorsun, kaç tane uluslararası büyük sanatçımız var? Bir iki tane belki. Bugün bütün dünyanın okuduğu çok baskıları yapılmış böyle bir Osmanlı var mı? Yok kardeşim! Altı yüzyıllık imparatorlukta bir tane yok. Türkiye'nin ortalama kültür düzeyi Afganistan'dır. İran, Türkiye'den çok daha medeni bir yer. Türk halkı kravat takıp, Mercedes'e binip, kadınları ve kızları bikini giyince kendisini medeni zannediyor. Sen vahşisin. Artık farkına varalım! Bu kitabı onun için yazdım. Atatürk'e ihanet edildi. Anadolu'nun kültürsüz zavallı köylüsüne laf anlatacaksın. Zorla yaptırtacaksın bazı şeyleri. Kızı zorla okula gönderteceksin. Göndermiyorsa ceza vereceksin. Şimdi tam tersi oldu.

İmam-hatip okulları hakkında ne düşünüyorsunuz?

Bir zehirdir! Hemen kapatılmaları lazımdır. Bu okullar çocuklara 21. yüzyılda ortaçağın bile gerisinde zırvalık kültürü öğretiyor. Bunu ben gözlerimle gördüm Ali Kırca'nın yönettiği bir Siyaset Meydanı programında. İmam-hatip okullarının ne kadar kültürlü adam çıkarabildiği Sayın Cumhurbaşkanı'nın şahsında en iyi bilinen mümessilini bulmuştur. Biz rütbelere, insanlara sıfat yakıştırıyoruz, büyük adamdır diyoruz. Peki, niye büyük adamdır? Gerisi yok. En kalitesiz zümre politikacılardır Türkiye'de.

Dünyada daha kaliteli bizde daha mı kötü politikacılar?

O kesin. Almanya'da Angela Dorothea Merkel'e bak başbakan olarak bir de Ahmet Davutoğlu'na. Gece ile gündüz gibi. Angela Dorothea Merkel, Almanya gibi bir yerde fizik doktoru. Kadın Avrupa'yı parmağında döndürüyor.

Peki Türkiye kimin parmağında dönüyor diye sorsam...

Çok görgüsüz, çok zavallı bir nüfus var. O nüfusa hitap ediyor AKP. Çünkü AKP'nin içerisinden gelenler de onların içeresinden geliyor. Bunun trajedisi ise yüzde 46'nın dışında kalanların bir araya gelememesidir. Gelseler başa getirmeyecekler AKP'yi, o yüzde 46'nin tedavisini yapacaklar zaman içerisinde. O zaman şuna geliyoruz: Türkiye'de gerçek entelektüeller yok. Veya sayıları o kadar az ki hiçbir şeye yaramıyorlar. Bence AKP, parti olarak yaptığı şeylerin yüzde 80'inin farkında değil. Çünkü çok cahil bu adamlar. Aralarında üniversite görmüş adam yok (malum Türkiye'deki üniversiteleri ben üniversiteden saymıyorum). Bunlar kendi dinlerini bile bilmiyorlar. Ben ateistim. Kur'an'ı satır satır biliyorum. İncil'i de biliyorum Tevrat'ı da. Bunların kaç tanesi Vatikan, kaç tanesi Süleymaniye kütüphanelerinde oturmuş dirsek çürütmüştür?

Ülkemizde artık düşünceleri özgürce söylemek yasak. Sürekli bir korku yaratılıyor. Siz kitabınızda ve açıklamalarınızda çok açıksınız. Korkmuyor musunuz?

Hayır korkmuyorum. Çünkü ben askerim. Benim içeriye atılmam, öldürülmem vız gelir tırıs gider. Ben silah ve bayrağa el basarak canımı vereceğim bu ülkeye diye yemin ettim. Ben yeminime sadığım. Elimden geleni de yapacağım. Benim bugünkü silahlarım kalemimdir, kitabımdır, konuşmamdır. Onun için silahımı sonuna kadar kullanırım. Ben beş yaşındayken bana yemin ettirildi. Üzerimde Türk Hava Kuvvetleri üniformasıyla 223'üncü filoda.

Sizin durduğunuz yerden Türk halkı nasıl görünüyor?

Benim bugün görebildiğim şu: Türk halkı batmak istiyor. Tarih böyle toplumlarla dolu. Gayet açık. Hani ben batmak istiyorum demiyor, ben bu yola gitmek istiyorum diyor. Diyorsun ki: Kardeşim o yolun sonu bataklık, senin sonun gelir. Olsun ben bu yola gitmek istiyorum diyor. Bu topraklara hiçbir şey olmaz hiç merak etmeyin. Benim tek üzüldüğüm IŞİD'in girip sanat eserlerine zarar vermesi. Medeniyet hafızayla mümkündür. Hafızanız yoksa medeni olamazsınız. Dolayısıyla tarih bunun için önemlidir. Yunan, Asur, Babil, Sümer, Aztek, Çin eserlerini niye korumaya çalışıyoruz? Çünkü bunların hepsi bizim insan olma geçmişimizin parçalarıdır. Bunlar ortadan kalkarsa biz başa döneriz, mağaraya döneriz. Şu anda Türk halkı mağaraya dönmek istiyor. Başındakiler de onu oraya götürüyorlar.

Sonumuzu nasıl görüyorsunuz?

Çok kötü görüyorum. Üç taraflı bir iç harp görüyorum; Kürtler, yobazlar ve modernler olarak. Türkiye parçalanacak. Ümit ediyorum kültür zenginliklerimiz bir şekilde korunur. Ekonomi batıyor. Sonunda da elimizden gelip alacaklar buraları. Fetih gününü kutladılar, ben bir yazı yazdım onun hakkında. Bunu kutlarken Fatih'in hatırasını rencide etmeyin dedim, ettiler. Fatih niye büyük adamdır hiçbirisi bilmiyor.

Siz biraz açar mısınız? Neden büyük adamdır gerçekten?

Fatih'in koruyup saklattığı muhteşem bir Ptolemaios atlası var, 13. yüzyıldan kalma. Fatih'ten sonra atmışlar bodruma çürümüş. Eserin yapraklarına dokunuyorsun sigara külü gibi oluyor. İsviçreliler bunu görmek istediler. O zaman Filiz Çağman, Topkapı Sarayı müdürüydü. Atlas çıkartıldı gösterildi. İsviçreliler bir de restoratör getirmişlerdi beraberlerinde. Baktılar ki atlasın restore edilmesi lazım. Ve Topkapı Sarayı müracaat ediyor devlete bunu restore ettirmek için. Gelgelelim 30 bin euroyu bulamıyor devlet. Beni çağırdı Filiz Hanım "Sana bir şey söyleyeceğim Celâl" dedi. "Bunun restore edilmesi lazım, sen verir misin parayı?" Ben de "Devlet neden vermiyor parayı?" diye sordum. "Devlet vermiyor işte" dedi. Ben hemen "Peki" dedim, "veriyorum parayı." Nasıl olur? Dünyaca meşhur bir kitap. Şaka gibi... Ya bunlar Atatürk'ün Çankaya Köşkü'nü ne hale getirdiler. Oysaki ülke olarak doğduğun yer orası. Çanakkale'yi ne hale getirdiler. Medeniyet ne yazık ki ihraç edilemiyor. Ben onu gördüm. Ben Amerika'da dokuz sene yaşadım. Amerika'ya bile ihraç edilememiş. Amerikalı bile barbar.

Restore edildi mi?

Ediliyor şu anda. 12 senedir hâlâ devam ediyor. Topkapı Sarayı'nda İlber Ortaylı gibi bir bilim devini görevden aldı, hani aklı evvel bir bakanımız vardı, Ertuğrul Günay. Emekli olacak diye görevden aldı halbuki iki sene daha kalabilirdi İlber mevzuata göre. Bir abideydi Topkapı'nın başında İlber Ortaylı. İlber Ortaylı'yı bu zat görevden aldı. Bu kadar cahil bu adamlar be.

Hayatta yapamadığınız, içinizde kalan bir şey var mı?

Ben hayatından çok memnun bir adamım. Her şeyi, bütün planladıklarımı yaptım. Bazen hava subayı olamamış olmam biraz acıtıyor, o kadar.

Son zamanlarda sizi en çok ne mutlu etti?

İki şey oldu. Birincisi Avusturyalı jeolog Eduard Suess'ün ölüm yıldönümü münasebetiyle güzel bir sergi yaptık Avusturya Başkonsolosluğunda. Onunla ilişkili olarak da Avusturya'ya gideceğim, orada bir caddeye Suess'ün adı verilecek ve ben de tören konuşmacısıyım. Çok hoşuma gitti.

Yeni kitabınız dışında başka projeleriniz var mı?

Var var, olmaz olur mu canım. Şimdi bir kitap daha yazıyorum, 1000 sayfayı geçti bitirmek üzereyim. Türkiye'de yerbilimlerinin tarihçesi hakkında bir şey yapmak isteyenlere kaynakça, bunlarla uğraşıyorum.

II

Amerika Yerlileri Eski Dünya İnsanlarından Ayrı Bir Evrim Neticesidir

Tek göz ve baş dönmesiyle, bilimsel literatürü izleyip elektronik postalarıma kısa cevaplar yazmak dışında pek bir iş yapamıyorum. Bu çerçevede oğlum Asım'ın İsviçre'den gönderdiği bir mesajı izleyerek 16 Mayıs 2014 tarihli *Science* dergisindeki "Late Pleistocene Human Skeleton and mtDNA link Paleoamericans and Modern Native Americans" (Geç Pleyistosen insan iskeleti ve mtDNA eski Amerikalıları modern Amerikan yerlilerine bağlıyor) başlıklı makaleyi okudum. (*Science*, 2014, c. 344, s.750-754; DOI: 10.1126/science.1252619)

Öncelikle ABD'de yayımlanan *Science*'ın İngiltere'de yayımlanan *Nature*'dan sonra dünyanın en saygın bilim dergisi olduğunun altını çizeyim. Bu makalenin yazarları da şu kişiler: James C. Chatters, Douglas J. Kennett, Yemane Asmerom, Brian M. Kemp, Victor Polyak, Alberto Nava Blank, Patricia A. Beddows, Eduard Reinhardt, Joaquin Arroyo-Cabrales, Deborah A. Bolnick, Ripan S. Malhi, Brendan J. Culleton, Pilar Luna Erreguerena, Dominique Rissolo, Shanti Morell-Hart, Thomas W. Stafford Jr. Hani neredeyse bir ordu diyeceğim. Bu bilim insanları ordusu ABD, Kanada, Meksika ve Danimarka'nın bilim dünyalarından.

Bulguları da şu inanılmaz güzellikteki gerçek: Meksika'nın Yucatan yarımadasındaki devasa kireçtaşı topoğrafyasının bir parçası olan Hoyo Negro (=Kara Delik) mağarasında bulunan ve tahminen 12-13 yaşlarında bir kız çocuğuna ait 12-13 bin yıllık kafatasıyla birlikte neredeyse tastamam olan iskelette yapılan incelemeler bu kızın DNA yapısına göre, Amerika'da yaşayan Kızılderililerin atası olan bir topluluğa ait olduğunu gösteriyor. Gelgelelim, kızcağızın iskelet yapısı ve bilhassa kafatası, bugünkü Kızılderililere benzemiyor. Amerika'nın en eski iskeletlerinin daha sonraki dönemlerde yaşamış olan Kızılderililerinkine benzemediği uzun zamandır biliniyordu ve bunlar birbirinden tamamen farklı iki insan grubuna ait sanıldığından, Amerika'ya değişik zamanlarda değişik göç dalgalarının birbirleriyle genetik ilgisi bulunmayan değişik insan grupları getirdiği sanılıyordu. Hoyo Negro buluntusuyla bu kuram çöktü ve en eskiden de sanıldığı gibi Amerika'ya gelenlerin tek bir dalgayla son Buz Çağında Asya'dan geldikleri ortaya çıktı.

Peki iskeletlerdeki değişiklikler? İşte bu sorunun cevabı bu buluşun en muhteşem yanı: Amerika'ya 30.000-10.000 yıl öncesi göçen insanlar bu kıtada geldikleri yerlerdekilerden ayrı olarak evrim geçirmişlerdir! Yani Amerika yerlileri Eski Dünya (Avrasya+Afrika) insanlarından ayrı bir evrim neticesidirler. Bu evrim zamanın kısalığından ötürü henüz yeni bir türleşme yaratmamış olduğu halde evrim neticesi yeni bir ırk yaratmıştır. Eğer Eski Dünya ve Amerika insanları bundan yaklaşık 1000 sene evvel (Viking lideri Kızıl Erik'in oğlu Leif Eriksson'un Newfoundland'da kurduğu yerleşimin tarihi) bir araya gelmeselerdi hiç kuşkusuz Amerika'da yeni bir insan türü oluşacaktı.

Ülkemizde evrimi inkâr etmeye kalkan, halka, yaradılış safsatasını ders kitaplarına sokmak suretiyle empoze etmek isteyen, aralarında hatta bakanlık bile yapmış zır cahil insanlar var. (Bunlar arasında yüksek akademik unvan sahipleri bile var; hani memlekette üniversite yok diyorum ya. Bu da ayrı bir göstergesi bu feci durumun!) Halkımızın, öğrencilerimizin, onların anne ve babalarının bu zır cahillere (veya şarlatanlara) kanmaması için bu satırları yazmaya karar verdim.

III

Üniversiteye İmtihansız Giriş

Yıllar önce, sevgili dostum Kemal Gürüz YÖK başkanıyken, eşiyle birlikte beni ve eşimi ziyarete gelmişti. Hafta sonunu bizim teknede Marmara Denizi'nde dolaşarak geçirelim demiştik. Sarhoşlarla dolu bir teknenin saldırısına uğradığımız ve komik olaylarla dolu bir gecenin akşamında, Kemal belgelerini yanında getirdiği bir projesini bana anlattı: Giderek üniversite giriş imtihanlarını kaldırmak, bu şekilde dershane sorunundan kurtulmak ve lise eğitimine gereken değeri tekrar vermek projesinin esas amaçlarıydı. Kemal UNESCO'nun, 2009'da yayımladığı "100 Voices-A Decade of Inspiration and Achievement in Higher Education" (100 Ses-Yüksek Eğitimde On Yıllık İlham ve Başarı) adlı kitaba almayı uygun gördüğü yüksek öğretimin dünyadaki en önemli kişiliklerinden biridir. (Bu gazete ve televizyonlarımıza duyurulduğu halde bilebildiğim kadarıyla tek bir gazete veya televizyon bu önemli haberi yayımlamayı ne hikmetse uygun görmedi.)

Kemal'in planı basit, basit olduğu kadar da cesurdu ve en temel öğesi öğretmene ve öğrenciye güven duymasıydı. İlk iş, üniversite giriş sınavını yeteneğe indirgemek, bu arada dershaneleri devre dışı bırakarak lise eğitimine ve lise bitirme imtihanlarına ağırlık vermek. Sonra kademeli olarak üniversite giriş imtihanlarını kaldırmak ve her lise mezununun üniversite birinci sınıfa kabulünü imtihansız gerçekleştirmek. Birinci sınıf sonunda başarısız olan öğrenciyi elemek ve başka eğitim alanlarına (meslek eğitimi gibi) yönlendirmek. Böyle bir sistemde en önemli roller lise öğretmenlerine ve üniversite öğretmenlerine düşecektir. Özellikle üniversite öğretmenleri, birinci sınıf sonunda başarısız olan öğrenciyi acımasızca elemek zorunda kalacaklardır (örneğin Fransa ve İsviçre bunu yapıyorlar). Lise öğretmenleri ise öğrencilerine sıkı bir temel eğitim vererek mümkün olduğu kadar elenmemelerine temel hazırlamak zorunda kalacaklardır. Öğrenciye düşen ise lisede iyi bir eğitim alıp, üniversitede tutunmaya gayret etmek olacaktır. Nereden bakarsanız bakın, yani herkes için kazançlı bir sistem.

Peki üniversiteden atılan genç ne olacaktır? Onlar için ise meslek yüksek okulları yaşamlarına hazırlanmaları için bir seçenek oluşturacaktır. O zaman o lisenin mezununu veya bu lisenin mezununu üniversiteye şu veya şu puanla alalım sıkıntısı kalkacağı gibi, herkes eşit olarak birinci sınıfta seçtiği alanda yarışacaktır. Bu sistemin bir olumsuz yanı üniversite birinci sınıflarının çok şişkin olmaları ve derslerde öğretmen/öğrenci ilişkisinin zayıf olması olacaktır. Ancak birinci sınıfta zaten lisedeki bazı bilgilerin tekrarı ve seçilen alana giriş yapılmasını sağlayan basit dersler olacağından bunun önemi yoktur. Kemal zaten üniversitede lisans düzeyinde çok katı bir dal ayrımının öğrenciye empoze edilmesine karşıydı. İsteyen öğrencinin kolayca dal değiştirmesine imkân verecek, bürokrasisi az ve disiplin duvarları ince bir sistem öngörüyordu. Onun istediği hemen herkese gerek üniversitede gerekse de meslek yüksek okullarında bir eğitimin kaliteli bir şekilde verilebilmesiydi. Sanırım bugün gençlerimizin talepleri de bu yöndedir ancak ne bugünkü hükümetin ne YÖK ve ne de ÖSYM yönetiminin müktesebat ve yetenekleri böyle bir sistemi kurup işletmeye elverişlidir. Ben, şimdiki YÖK başkanını hiç tanımadığım halde, akademik geçmişine bakarak kendisinin müktesebat ve yetenekleri hakkındaki kanaatimi atanır atanmaz söylemiştim ve bu, basında yer bulmuştu. Zaman bu yargının yanlış olmadığını gösterdi. Dolayısıyla öğrencilerimizin YÖK ve

ÖSYM başkanlarının ve ekiplerinin değişmesi gerektiği yönündeki arzularına katılmamak mümkün değildir.

Türkiye'de eğitimin 1946'dan (yani dâhi eğitimcimiz Hasan Âli Yücel'in Milli Eğitim Bakanlığından "gönüllü" uzaklaştırılmasından) beri sorunu, politikacıların popülist ama akılsız müdahalelerinin eğitimin başına sürekli eğitimi yetersiz, yeteneği sınırlı, dünya görüşü dar insanları getirerek, eğitimin hem sistemini hem de içeriğini tahrip etmeleridir. Öğrencilerimiz öncelikle bilgili ve yetenekli yönetici ve öğretmen talep etmeli, böyle olmayanları (bugün yöneticiler hakkında yaptıkları gibi) ifşa ve protesto etmelidirler. Bu protestoların özellikle aşırı uç politik kışkırtıcılarla sabote edilmesine ise katiyetle engel olmalıdırlar. Protestonun amacı politik değil, eğitimin düzeltilmesi olmalıdır. Halkımızın, gençlerimizin bu haklı çığlığına destek vermesi ülkemizin geleceği açısından olmazsa olmaz bir şarttır. Dolayısıyla oy verecek yaşta gençler verdikleri oylarla, daha küçük olanlar ise aileleri üzerinde baskı kurarak eğitimi perişan edenlere katiyetle oy verilmemesini sağlayarak ülkemizi bu girdaptan kurtarmalıdırlar. Aksi takdirde sonumuz Afganistan'dır. Bu tahmini aşırı kötümser bulanların Pakistan'ın 20. yüzyıl içinde Hinduistan'ın (Hindistan değil!) bir parçasıyken Pakistan olup daha sonra bölünene kadar geçirdiği evrime bakmalarını öneririm.

• ŞEKİLLER •

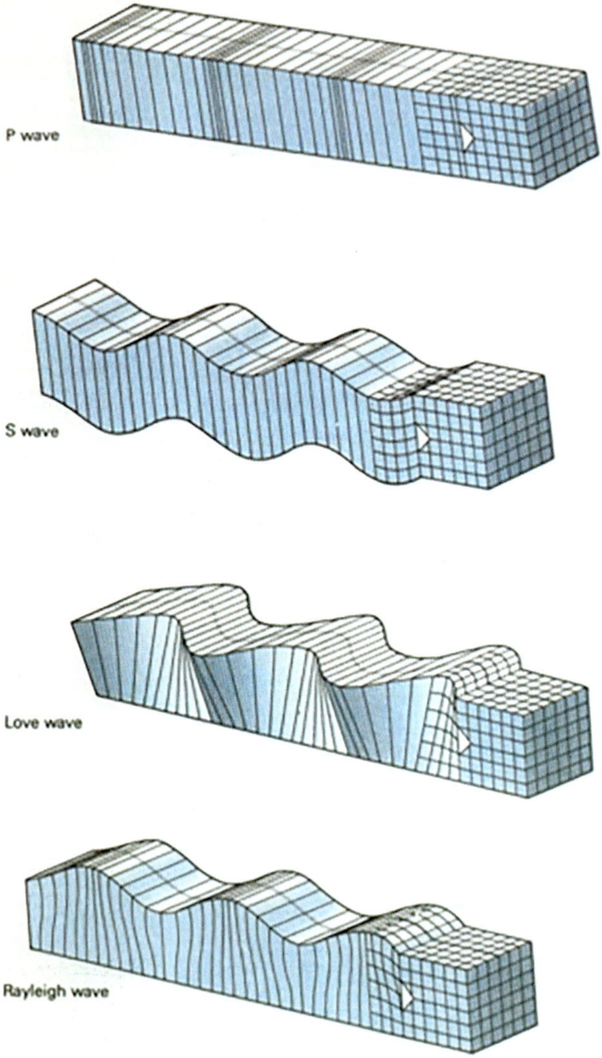

Şekil 1. Deprem dalgası çeşitleri.

Şekil 2A. Bir sismometrenin kaydettiği bir sismogram.

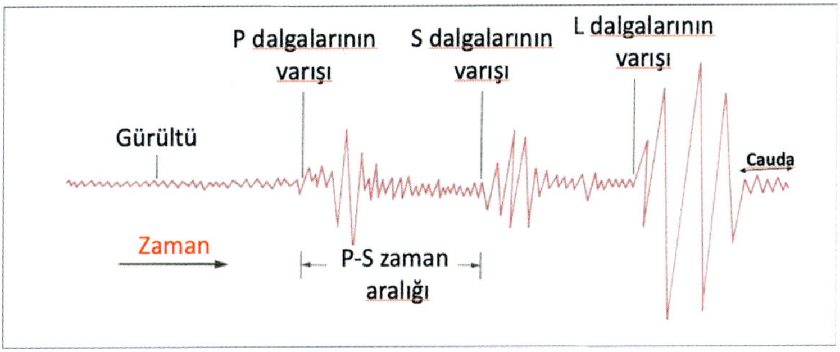

Şekil 2B. Bir sismogramın kısımları. Gürültü diye gösterilen kısım kıyıya vuran deniz dalgalarının, geçen bir kamyonun, çekiçle yapılan bir tamirin veya kırmanın yarattığı dalgalardır. Daha 1910 yılında sismometreler Norveç'te kıyıya vuran deniz dalgalarının kayaçlar içinde yarattığı sarsıntıyı Almanya'nın göbeğinde kaydedebilecek kadar hassaslaşmışlardı.

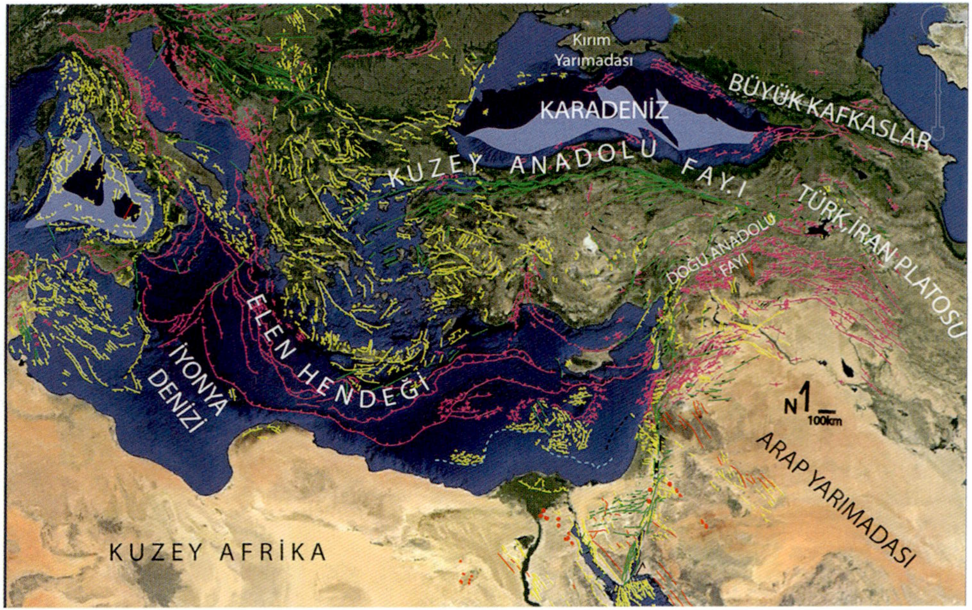

Şekil 3. Doğu ve Orta Akdeniz'de faal hareketlerin yarattığı yapılar. Sarı renkle normal, yeşil renkle yanal atımlı faylar gösterilmiştir. Pembeyle gösterilen yapılar sıkışmanın yarattığı kıvrım ve bindirme faylarıdır. Kırmızı çizgiler içi magmatik kayaç dolu daykları gösterir. Deniz içindeki koyu mavi alanlar okyanusal kabuğu, daha açık maviler ise gerilerek incelmiş kıta kabuğunu gösterir.

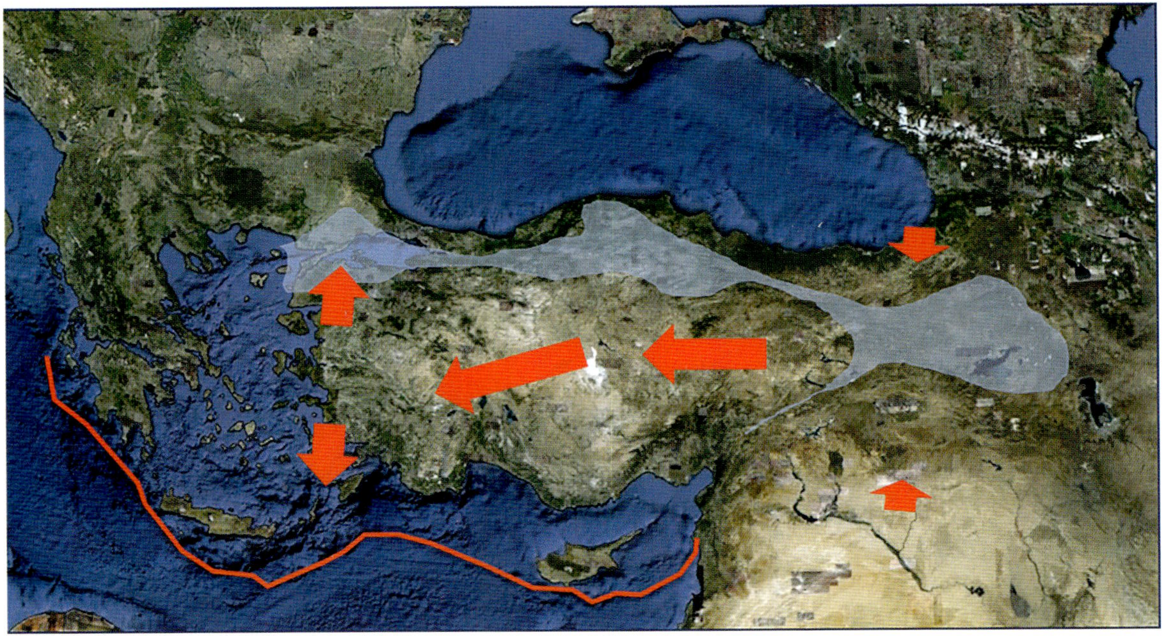

Şekil 4. Türkiye ve civarındaki hareketlerin çok basitleştirilmiş şeması. Türkiye içinde açık maviyle gösterilen alanlar geçmişte okyanusların kapandığı önemli kenet kuşaklarını dolduran direnci az kayaçları, güneydeki ince kırmızı çizgi ise Elen/Kıbrıs dalma-batma bölgesini gösterir.

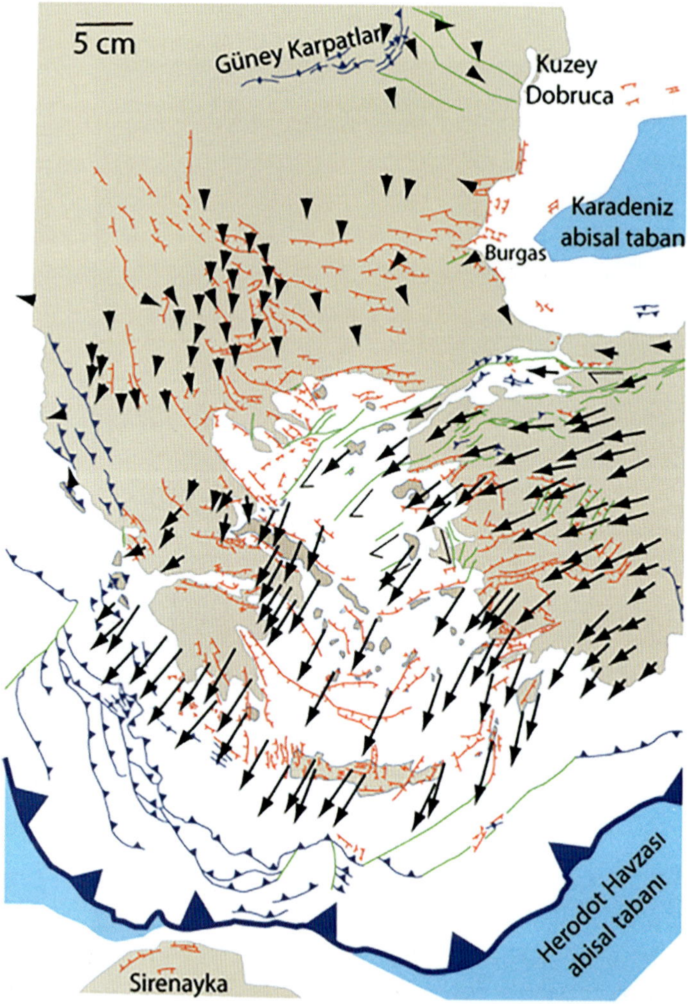

Şekil 5. Batı Türkiye ve güney Balkanlarda güncel hareketler. Oklar her bir noktanın Avrasya'ya nazaran hareketini gösterir. Yukarıdaki ölçek okların gösterdiği yıllık hareketi santimetre olarak ifade eder.

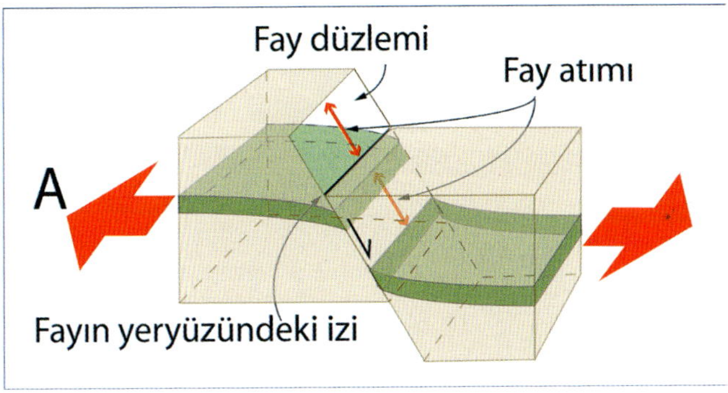

Şekil 6. Bir normal fayın basitleştirilmiş blok diyagramı. Normal fayın kırdığı blokun uzamasına neden olduğuna dikkat ediniz.

Şekil 7. Teton silsilesinde 7 büyüklüğünde bir normal fay depreminin yarattığı fay basamağı. Burada oluşan geometri Sisam'ın kuzeyinde oluşan geometrinin aynısıdır ve oluşan düşey hareket İzmir ve civarında görülen tsunaminin nedenidir.

31 Ekim 2020 İzmir/Néon Karlovásion depremi, 28 Mart 1969'da meydana gelen Alaşehir depreminin neredeyse ikizi gibidir (Şekil 8[1]) ve muhtemelen aynı fay sistemi üzerinde oluşmuştur (Şekil 9[2]).

1 Şekil 8 için bkz. elinizdeki kitap, s.128. (Y.N.)
2 Şekil 9 için bkz. elinizdeki kitap, s.128. (Y.N.)

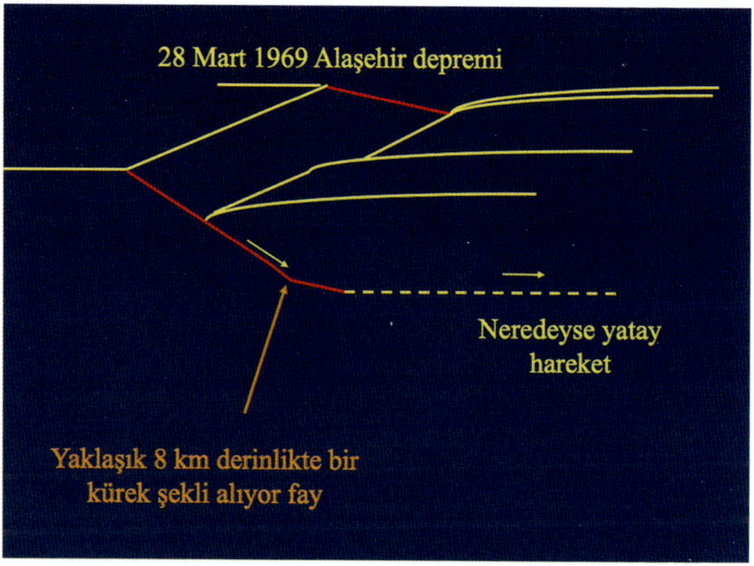

Şekil 8. Alaşehir depreminin basitleştirilmiş blok diyagramı. Sisam kuzeyinde oluşan normal fay Alaşehir'dekine çok benzemektedir.

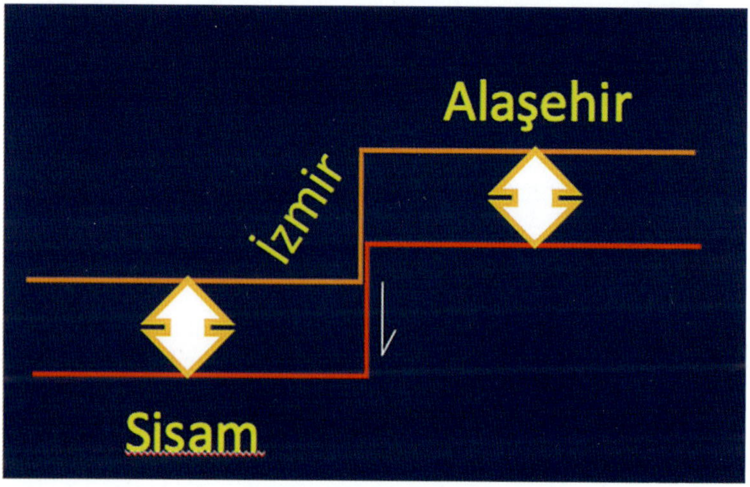

Şekil 9. Alaşehir ve Sisam depremleri büyük bir olasılıkla aynı fay sistemi üzerinde kuzey-güney bir gerilme sonucu oluşmuşlardır.

Şekil 10. Eduard Suess, Sarmasyen denizi kavramını ortaya attığı yıllarda.

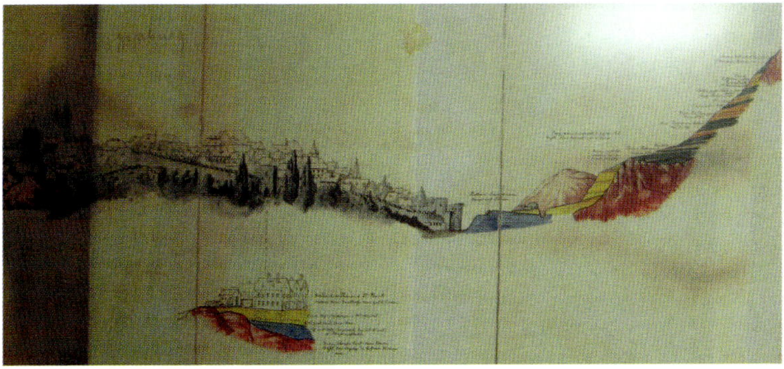

Şekil 11. Eduard Suess'ün Viyana'nın bir saat kadar kuzeyindeki Eggenburg yakınlarındaki Vitus Tepesi yamaçlarından aldığı jeolojik kesit. Suess bu kesitteki bilgiler sayesinde ilk kez daha sonra Para-Tetis adını alacak olan denizin varlığını fark etmiştir. Suess'ün eliyle çizilmiş bu kesitin orijinali Viyana Üniversitesi Jeoloji Enstitüsü arşivinde korunmaktadır. Birebir bir kopyası benim evimdeki kütüphanemde mevcuttur.

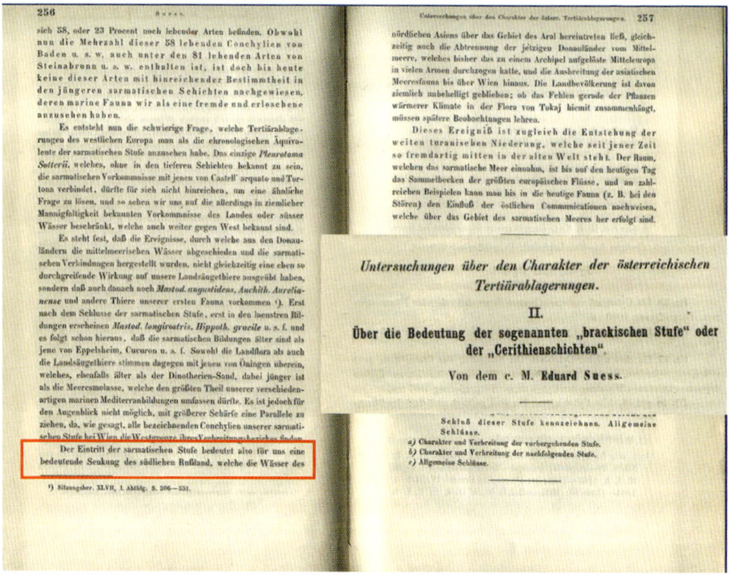

256 Suess.

sich 58, oder 23 Procent noch lebender Arten befinden. Obwohl nun die Mehrzahl dieser 58 lebenden Conchylien von Baden u. s. w. auch unter den 81 lebenden Arten von Steinabrunn u. s. w. enthalten ist, ist doch bis heute keine dieser Arten mit hinreichender Bestimmtheit in den jüngeren sarmatischen Schichten nachgewiesen, deren marine Fauna wir als eine fremde und erloschene anzusehen haben.

Es entsteht nun die schwierige Frage, welche Tertiärablagerungen des westlichen Europa man als die chronologischen Äquivalente der sarmatischen Stufe anzusehen habe. Das einzige *Pleurotoma Sotterii*, welches, ohne in den tieferen Schichten bekannt zu sein, die sarmatischen Vorkommnisse mit jenen von Castell' arquato und Tortona verbindet, dürfte für sich nicht hinreichen, um eine ähnliche Frage zu lösen, und so sehen wir uns auf die allerdings in ziemlicher Mannigfaltigkeit bekannten Vorkommnisse des Landes oder süsser Wässer beschränkt, welche auch weiter gegen West bekannt sind.

Es steht fest, daß die Ereignisse, durch welche aus den Donauländern die mittelmeerischen Wässer abgeschieden und die sarmatischen Verbindungen hergestellt wurden, nicht gleichzeitig eine eben so durchgreifende Wirkung auf unsere Landsängethiere ausgeübt haben, sondern daß auch danach noch *Mastod. angustidens*, *Anchith. Aurelianense* und andere Thiere unserer ersten Fauna vorkommen [1]). Erst nach dem Schlusse der sarmatischen Stufe, erst in den lacustren Bildungen erscheinen *Mastod. longirostris*, *Hippoth. gracile* u. s. f. und es folgt schon hieraus, daß die sarmatischen Bildungen älter sind als jene von Eppelsheim, Cucuron u. s. f. Sowohl die Landflora als auch die Landsäugethiere stimmen dagegen mit jenen von Öningen überein, welches, ebenfalls älter als der Dinotherien-Sand, dabei jünger ist als die Meeresmolasse, welche den größten Theil unserer verschiedenartigen marinen Mediterranbildungen umfassen dürfte. Es ist jedoch für den Augenblick nicht möglich, mit größerer Schärfe eine Parallele zu ziehen, da, wie gesagt, alle bezeichnenden Conchylien unserer sarmatischen Stufe bei Wien die Westgrenze ihres Verbreitungsbezirkes finden.

Der Eintritt der sarmatischen Stufe bedeutet also für uns eine bedeutende Senkung des südlichen Rußland, welche die Wässer des

[1]) Sitzungsber. XLVII, 1. Abthlg. S. 306—331.

Untersuchungen über den Charakter der österr. Tertiärablagerungen. 257

nördlichen Asiens über das Gebiet des Aral hereintreten ließ, gleichzeitig auch die Abtrennung der jetzigen Donauländer vom Mittelmeere, welches bisher das zu einem Archipel aufgelöste Mitteleuropa in vielen Armen durchzogen hatte, und die Ausbreitung der asiatischen Meeresfauna bis über Wien hinaus. Die Landbevölkerung ist davon ziemlich unbehelligt geblieben; ob das Fehlen gerade der Pflanzen wärmerer Klimate in der Flora von Tokaj hiemit zusammenhängt, müssen spätere Beobachtungen lehren.

Dieses Ereigniß ist zugleich die Entstehung der weiten turanischen Niederung, welche seit jener Zeit so fremdartig mitten in der alten Welt steht. Der Raum, welchen das sarmatische Meer einnahm, ist bis auf den heutigen Tag das Sammelbecken der größten europäischen Flüsse, und an zahlreichen Beispielen kann man bis in die heutige Fauna (z. B. bei den Stören) den Einfluß der östlichen Communicationen nachweisen, welche über das Gebiet des sarmatischen Meeres her erfolgt sind.

Untersuchungen über den Charakter der österreichischen Tertiärablagerungen.

II.

Über die Bedeutung der sogenannten „brackischen Stufe" oder der „Cerithienschichten".

Von dem c. M. **Eduard Suess.**

Schluß dieser Stufe kennzeichnen. Allgemeine Schlüsse.

a) Charakter und Verbreitung der vorhergehenden Stufe.
b) Charakter und Verbreitung der nachfolgenden Stufe.
c) Allgemeine Schlüsse.

Şekil 12. Suess'ün Sarmasyen adını ilk kez yayımladığı meşhur makalesi. Bu, Para-Tetis kavramını doğuran makaledir.

Şekil 13. Suess'e Sarmasyen denizi kavramını ortaya atmasında yardımcı olan Rus jeolog Nikolai Pavloviç Barbot de Marny.

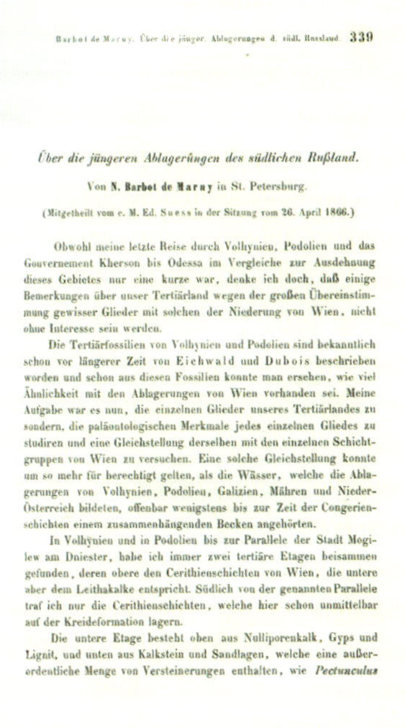

Barbot de Marny. Über die jünger. Ablagerungen d. südl. Russland. 339

Über die jüngeren Ablagerüngen des südlichen Rußland.

Von **N. Barbot de Marny** in St. Petersburg.

(Mitgetheilt vom c. M. Ed. Suess in der Sitzung vom 26. April 1866.)

Obwohl meine letzte Reise durch Volhynien, Podolien und das Gouvernement Kherson bis Odessa im Vergleiche zur Ausdehnung dieses Gebietes nur eine kurze war, denke ich doch, daß einige Bemerkungen über unser Tertiärland wegen der großen Übereinstimmung gewisser Glieder mit solchen der Niederung von Wien, nicht ohne Interesse sein werden.

Die Tertiärfossilien von Volhynien und Podolien sind bekanntlich schon vor längerer Zeit von Eichwald und Dubois beschrieben worden und schon aus diesen Fossilien konnte man ersehen, wie viel Ähnlichkeit mit den Ablagerungen von Wien vorhanden sei. Meine Aufgabe war es nun, die einzelnen Glieder unseres Tertiärlandes zu sondern, die paläontologischen Merkmale jedes einzelnen Gliedes zu studiren und eine Gleichstellung derselben mit den einzelnen Schichtgruppen von Wien zu versuchen. Eine solche Gleichstellung konnte um so mehr für berechtigt gelten, als die Wässer, welche die Ablagerungen von Volhynien, Podolien, Galizien, Mähren und Nieder-Österreich bildeten, offenbar wenigstens bis zur Zeit der Congerienschichten einem zusammenhängenden Becken angehörten.

In Volhynien und in Podolien bis zur Parallele der Stadt Mogilew am Dniester, habe ich immer zwei tertiäre Etagen beisammen gefunden, deren obere den Cerithienschichten von Wien, die untere aber dem Leithakalke entspricht. Südlich von der genannten Parallele traf ich nur die Cerithienschichten, welche hier schon unmittelbar auf der Kreideformation lagern.

Die untere Etage besteht oben aus Nulliporenkalk, Gyps und Lignit, und unten aus Kalkstein und Sandlagen, welche eine außerordentliche Menge von Versteinerungen enthalten, wie *Pectunculus*

Şekil 14. Barbot de Marny'nin mektubunun makale haline sokularak yayımlanmış hali.

Şekil 15. Para-Tetis teriminin mucidi Rus jeolog Vladimir Dimitreyeviç Laskarev.

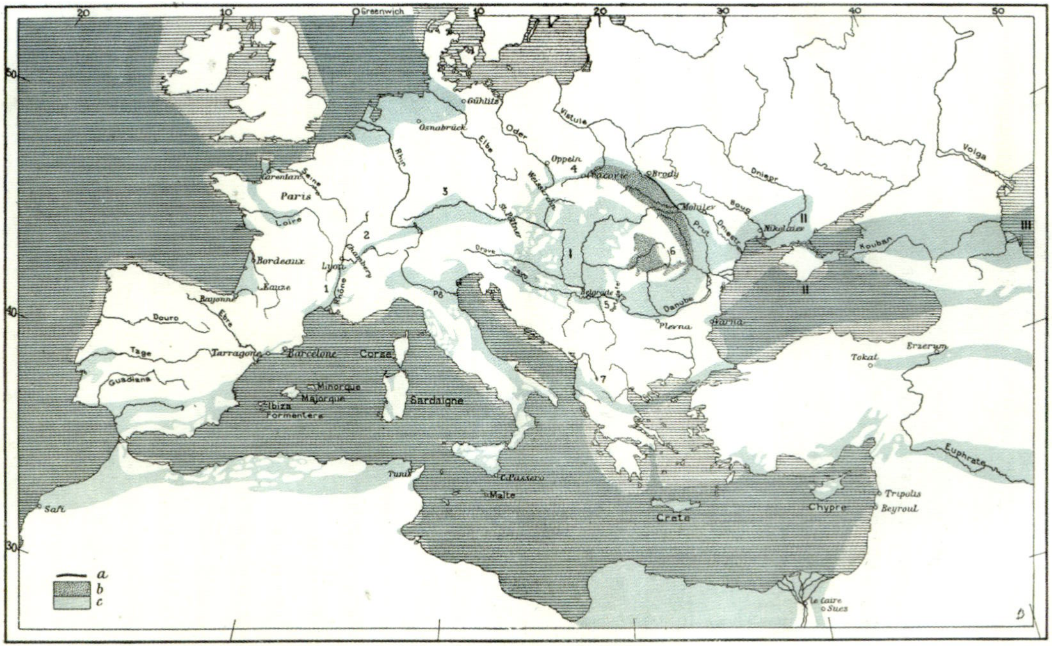

Reconstruction de la Téthys et de la Paratéthys du miocène moyen.

a = Miodobores, b = couches à sel et gyps, c = surfaces des mers; suite de la légende sur la page 74.

Şekil 16. Laskarev'in Para-Tetis haritası (Büyük Sırp Coğrafyacı Jovan Cviji'e Armağan kitabından).

Şekil 17. Raffaello Sanzio tarafından 1509-1511 tarihleri arasında Vatikan Müzesi içindeki "İmza Odası"nın (*Stanza delle Segnatura*) doğu duvarına yapılmış "Atina Okulu" (*Scuola di Atene*) adlı muhteşem fresk. Bu fresk, Rönesans düşünürlerinin Avrupa medeniyetinin temelini oluşturduğuna inandıkları, coğrafya, felsefe, mühendislik, optik, geometri, fizyografi, anatomi, tarihçilik, mimari, tiyatro dallarının en önemli dâhilerini toplu olarak gösteren ölümsüz bir şaheserdir. Bu kişiler arasında Katolik kilisesi tarafından ortaçağda eserleri yasaklanan, Avrupa'yı akılcılıkla yeniden tanıştırmada en önemli rollerden birini oynamış olan Müslüman bilimadamı ve hukukçusu Córdoba'lı (Arapçası Qurṭuba) İbn-i Rüşd'ün de bulunması, Avrupa medeniyetinin bir Hıristiyan medeniyeti değil, bilimi ve hür sanatı, insan olmanın en temel şartı kabul edenlerin kurduğu bir uygarlık olduğunu vurgulamaktadır. Atatürk'ün Tevhid-i Tedrisat kanunuyla hayal ettiği şey, bu resmin içinde bir gün kendi milletinin insanlarını da görmekti.
Ben fresk içerisindeki bazı kişilerin kim olduklarını belirttim ancak bunların bazıları tartışmalıdır. Kesin olan en önemli kişiler şunlardır: Ortadaki Platon (Raffaello burada aslında Leonardo da Vinci'nin portresini yapmıştır) ve yanındaki Aristo (aslında "Aristotelis" lakaplı heykeltıraş Bastiano da Sangallo), Pisagor ve Anaksimander'in arkasından uzanan İbn-i Rüşd ve genç bir çocuk olarak resmedilmiş olan Arşimed, doğuda Batlamyüs olarak bilinen büyük matematikçi, astronom ve coğrafyacı Ptolemaios ve hemen yanında Öklid, en önde tek başına oturan çizmeli kişi Heraklit (aslında Mikelanj; "ağlayan filozof" lakaplı bir misantrop olarak şöhret yapmış olan Heraklit için Raffaello'nın Mikelanj'ı seçmiş olması büyük ustanın meşhur olan huysuzluğu dolayısıyla olmalıdır). Raffaello, bu tür "çift kişiliklerle" freskinde Rönesans'ın dâhilerinin Kadim Yunan uygarlığını tekrar yaşama geçiren kişiler olduklarını vurgulamak istemiştir.

Şekil 18. Aquina'lı Aziz Thomas İbn-i Rüşd'ün akılcı fikirlerini eleştiren derslerinden birinde (Giovanni di Paolo, 1445-1450 arasına tarihlenmiştir: City Art Museum of St. Louis, Missouri, ABD). Tevhid-i Tedrisat Kanunu'nun en önemli amacı, bu tür akıl düşmanı bir eğitimi Türkiye'nin eğitim yaşamından dışlamaktı.

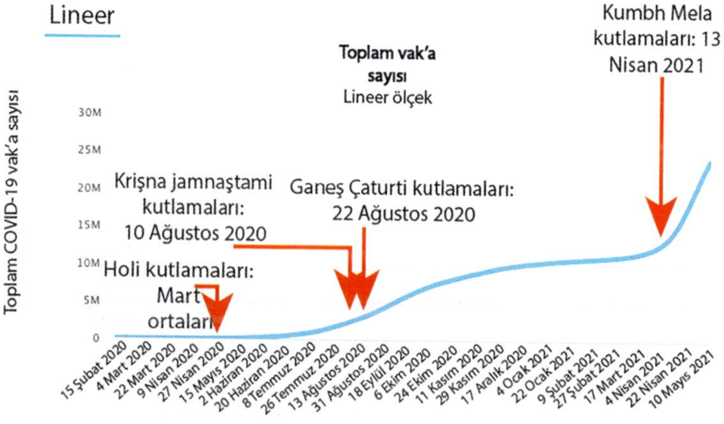

Şekil 19. 15 Şubat 2020 ile 10 Mayıs 2021 arasında Hindistan'da görülen COVID-19 vaka sayıları ve bunların Hindu dini bayram tarihleriyle denkleştirilmesi (veri şuradan alınmıştır: https://www.worldometers.info/coronavirus/country/india/).

Şekil 20. 13 Nisan günü akşam duası için Ganj Nehri'nin sahillerinde biriken Hindular (şuradan alınmıştır: https://www.washingtonpost.com/world/2021/05/08/india-coronavirus-kumbh-mela/).

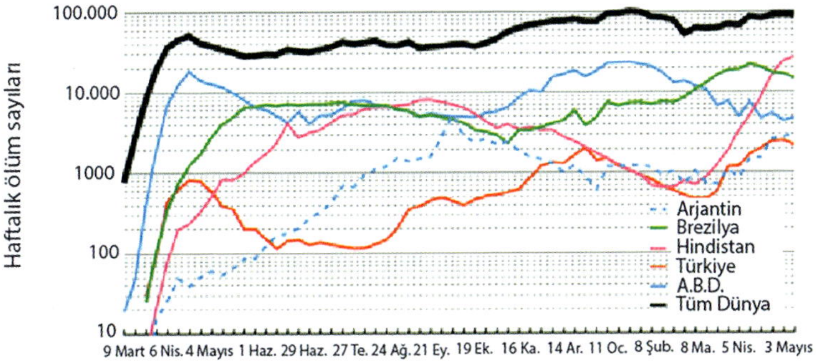

Şekil 21. En çok COVID-19 vakasının ve ölümlerinin görüldüğü beş ülkede 9 Mart 2020 ile 3 Mayıs 2021 arasında gözlenen ölüm sayılarının seyri (şuradan alınmıştır: https://commons.wikimedia.org/wiki/File:Covid-19_daily_deaths_in_top_5_countries_and_the_world.png).

Şekil 22. *Denizler Altında 20.000 Fersah* tercümesinin kapağı.

Şekil 23. Nautilus.

Şekil 24. Kaptan Nemo, Nautilus'ün dümeninde Arap Tünelini geçerken.